三明学院应用型教材建设项目(ZL2408/JJ)
国家语言文字推广基地(三明学院)成果之一
三明学院翻译与地方文化传播研究所成果之一(KCP2403)
上海市国际学生预科学院教材编写项目

中国文化
zhōng guó wén huà

· 汉语撰写 · 拼音注音 · 英语释难 · 朗读示范

主　编　卢　敏　朱伊革
副主编　刘　华　蒋永远

上海大学出版社
·上海·

内容提要

本书为上海市国际学生预科学院和三明学院国际学生的指定教材,专门为在中国学习的国际学生编写,以提高他们的汉语水平并帮助他们了解、认识和掌握中国文化知识。本书从人情世故、节日庆典、名肴佳酿、修身养性、强身健体、传统哲学六个方面展开,共18篇课文。课文采用汉语撰写、拼音注音的编写形式;重点词汇列表并附英语注释;图文并茂,深入浅出;各课知识要点通过问答、填空、选择等练习方式进行梳理,并附有参考答案;情景模拟表演练习旨在训练学生活学活用的能力,没有固定答案。本书还可以作为中国在海外设立的孔子学院和孔子课堂所开设的中国文化课程的参考教材,也适用于对中国文化感兴趣的外国朋友和欲提高中国文化英汉双语表达能力的中国读者。

图书在版编目(CIP)数据

中国文化 / 卢敏,朱伊革主编;刘华,蒋永远副主编. -- 上海:上海大学出版社,2025.6. -- ISBN 978-7-5671-5317-2

Ⅰ.H195.4;K203

中国国家版本馆 CIP 数据核字第 2025E1F834 号

责任编辑　盛国营
封面设计　缪炎栩
技术编辑　金　鑫　钱宇坤

中国文化

卢　敏　朱伊革　主编
刘　华　蒋永远　副主编

上海大学出版社出版发行
(上海市上大路99号　邮政编码200444)
(https://www.shupress.cn)　发行热线 021-66135112
出版人　余　洋

*

南京展望文化发展有限公司排版
江苏句容排印厂印刷　各地新华书店经销
开本 710mm×1000mm　1/16　印张16　字数141千
2025年6月第1版　2025年6月第1次印刷
ISBN 978-7-5671-5317-2/H・443　定价 68.00 元

版权所有　侵权必究
如发现本书有印装质量问题请与印刷厂质量科联系
联系电话:0511-87871135

前言

当你打开本书时,也许你已经从世界的某个国家或地区来到了拥有5 000年历史和古老文明的中国。随着中国改革开放的深入和经济的腾飞,越来越多来自世界各地的学生踏上了留学中国的道路。许多国际学生在中国一边学习汉语,一边通过练习书法、绘画、太极拳,游览风景名胜、历史古迹,购买中国工艺品,吃中国菜,喝中国茶等方式亲身感受中国文化。通过阅读本书,你将进一步了解中国风土人情,并能融入中国社会,使自己不再是陌生土地上的陌生人。

本书原为上海市国际学生预科学院教材编写项目,编写完成于2014年,得到了上海市教委和上海师范大学的大力支持和经费资助。本书已在上海市国际学生预科学院试用10年,取得了良好的效果。本次出版得到三明学院的大力支持和经费资助。在两地合作的框架下,上海师范大学和三明学院携手共建,共同修订出版此教材。在此,编者向上海师范大学和三明学院的领导和同仁对此书出版给予的大力支持表示衷心的感谢。

本书具有以下特色:

(1) 充分结合地方经济与社会现状,以上海和三明的地方文化为切入点,以点带面,通过中国文化中最核心和本质的内容,体现中国文化博大精深、源远流长的特点，又紧密结合中国式现代化发展历程，展示中国文化的精神和活力。

（2）总体编排结构体系遵循深入浅出的原则，从日常生活着手，通过人情世故、节日庆典、名肴佳酿、修身养性、强身健体、传统哲学共6大篇、18课内容传授中国文化的精髓，润物细无声地培养国际学生的中国文化意识，帮助他们进一步知华、懂华、爱华、友华。

（3）针对预科国际学生的特点，特别注重培养学生的语感，课文名称采用四字格，行文也多用四字格、成语、谚语等，文风典雅，朗朗上口，易学易懂，还配有拼音和插图，以友好的方式讲述中国文化故事，使之入眼、入耳、入脑、入心。

（4）每篇课文后都设有思考题，采用填空、问答、表演等方式帮助国际学生复习所学内容，抓住重点要点，问答题和情景创设题鼓励学生用自己的语言和表演方式表达对中国文化的理解，同时帮助他们用汉语讲述自己的文化故事，在中外文化交流互动中增强人类命运共同体意识。

（5）参考书目较为丰富，能反映国内外学科发展状况，既有传统经典文献，也有最新文献，语种为汉语和英语，对研究型学习有重要指导价值。

本书的主编卢敏教授、朱伊革教授和副主编刘华博士、蒋永远副教授，以及参编人员李照国教授、裘雯副教授、张斌讲师、阴翠梅讲师都有一至三年的海外生活、教学或求学经历，曾作为客座教授或国家公派教师，在国外大学讲授过汉语和中国文化等课程。编者对外国学生学习中国文化的兴趣爱好、心理特征、接受程度都比较了解，英汉双语转换能力较强，对中西文化有较深的感性认识和理性认知，并具有较强的文化对比意识。本书插图由英国伯恩茅斯大学国家计算机动画中心计算机动画设计专业学生朱天悦设计完成。

本书不仅是上海市国际学生预科学院和三明学院国际学生的指

定教材,而且可以作为中国在海外设立的孔子学院和孔子课堂所开设的中国文化课程的参考教材。本书有助于国际学生提高汉语语言能力,帮助他们通过汉语水平考试(HSK),同时适用于对中国文化感兴趣的外国朋友和欲提高中国文化英汉双语表达能力的中国读者。

中国文化博大精深、源远流长,相对而言,本书篇幅有限,编者水平有限,不足之处望读者和同仁不吝斧正。

编　者

2024年9月

目录

一、人情世故篇	001
第一课　生老病死	003
第二课　衣食住行	013
第三课　礼尚往来	034
二、节日庆典篇	045
第四课　恭贺新禧	047
第五课　中秋赏月	063
第六课　欢度国庆	075
三、名肴佳酿篇	087
第七课　八大菜系	089
第八课　风味小吃	103
第九课　说茶道酒	115
四、修身养性篇	129
第十课　笔墨纸砚	131
第十一课　琴棋书画	142

第十二课　梅兰竹菊 …………………………………………… 152

五、强身健体篇 …………………………………………………… 163
　　第十三课　气功太极 …………………………………………… 165
　　第十四课　针灸推拿 …………………………………………… 176
　　第十五课　望闻问切 …………………………………………… 192

六、传统哲学篇 …………………………………………………… 205
　　第十六课　阴阳五行 …………………………………………… 207
　　第十七课　八卦易经 …………………………………………… 218
　　第十八课　孔孟老庄 …………………………………………… 229

文化要点梳理答案 ………………………………………………… 243

参考文献 …………………………………………………………… 248

一、
人情世故篇
rén qíng shì gù piān

在中国的悠久历史和传统文化中,如何处理人情世故是一个永恒的话题。人情世故主要指为人处世的道理、原则和方法,它是日常生活中不可或缺的内容。每个国家和民族在历史发展进程中都形成了各具特色的为人处世的方式。一些基本的交际礼仪和沟通技巧有助于我们灵活处理日常生活中涉及人情世故的很多问题,便于我们更好地做人和做事。本篇主要从生老病死、衣食住行和礼尚往来等方面讲解中国人在日常生活中的一些基本礼仪和习俗。懂得并重视日常生活中的人情世故是建立良好人际关系、构建和谐社会氛围的基础。

第一课　生老病死

生老病死指人的出生、衰老、生病、死亡。中国佛教用生老病死指人的四苦,而道教认为生老病死是自然规律,不可抗拒。

生

婴儿降生是人生的开始,也是人生的大事、喜事,家人欢欣,亲朋相贺。生了女孩叫喜得千金,生了男孩叫喜得贵子。在中国的许多地区,婴儿出生以后,婴儿的父母一般会将喜讯告诉亲朋好友。报喜时通常要带上红鸡蛋,称为"红蛋"或"喜蛋"。"红蛋"是用红色食用染料把煮熟鸡蛋的蛋壳涂红。红色是传统的喜庆色,蛋和"诞"谐音,表示诞生、出生。

"红蛋"是祥瑞之物,有赐福送子、喜庆安乐之意。

诞生礼

老

对于中国人来说,"老"除了指衰老以外,还代表着阅历和智慧。在中国,受到"敬老尊贤"的传统文化的影响,老人在社会中普遍受到尊重。战国时期孟子曾说"老吾老,以及人之老",意思是敬重自己的长辈,进而推广到敬重别人的长辈。1989年,中国把每年农历九月初九重阳节定为敬老节。《易经》中把"六"定为阴数,把"九"定为阳数。九月初九,日月并阳,两九相重,因此叫重阳,也叫重九。九九重阳,因为与"久久"同音,九在数字中又是最大数,有长久长寿的含义。庆祝敬老节的活动丰富多彩,一般包括出游赏景、登高远眺、观赏菊花、插戴茱萸、吃重阳糕、饮菊花酒等。

重阳节

病

俗话说:"吃五谷,生百病。"人的一生中总是会

生病的。探望病人是中国人的一个重要礼节,也是生活中不可避免的事。中国人探病不习惯两手空空,一般要买些礼品略表心意。探望病人所带的礼品要根据病人的病情、年龄和饮食限制等而定。鲜花、水果、糕点常常是适宜的礼品。老人可送些滋补品,同事、朋友的小孩可送些糖果、饼干。不过一般来说,探望病人忌讳送梨,因为梨的谐音是"离",会让病人联想到离开人世等不吉利的事情。在上海,探望病人通常忌讳送苹果,因为苹果在上海方言中和"病故"的发音相似。

死

中国人把人的出生看成是喜事,把人的死亡看成是丧事,认为生离死别是人生最悲苦的事情,不过高寿的人去世,叫喜丧。中国人平时忌讳说"死",也忌讳数字"四",因为"四"与"死"谐音。中国人的死亡观受儒家、道教和佛教的影响。儒家认为活着的时候能健康长寿,生活富足康宁,具有高尚的品德,最后能得以善终;道教要求人们不执着于生死、顺其自然,以一种安身立命的态度来体验人生,寻找一种积极的人生态度;佛教强调人生轮回。当生命走到尽头的时候,每个人都希望平静而有尊严地离开这个世界。现在中国很多地方都设有临终关怀医院,让每个生命带着尊严谢幕。

中国文化

词汇学习

fó jiào 佛教	Buddhism
dào jiào 道教	Taoists
xǐ dé qiān jīn 喜得千金	have got a baby girl with happiness
xǐ dé guì zǐ 喜得贵子	have got a baby boy with happiness
hóng dàn 红蛋	a red egg (a boiled egg dyed red to celebrate the birth of a baby)
xǐ dàn 喜蛋	another name of a red egg
dàn 诞	birth
xié yīn 谐音	homophone
xiáng ruì zhī wù 祥瑞之物	an auspicious thing
cì fú sòng zǐ 赐福送子	being blessed with a child
xǐ qìng ān lè 喜庆安乐	rejoice and festiveness

续 表

shuāi lǎo 衰老	aged
yuè lì 阅历	experience
jìng lǎo zūn xián 敬老尊贤	respecting the elderly and the virtuous
mèng zǐ 孟子	Mencius
lǎo wú lǎo yǐ jí rén zhī lǎo 老吾老,以及人之老	respecting not only my own elders, but also the elders of others'
jìng zhòng 敬重	reverence
zhǎng bèi 长辈	a person of the elder generation
nóng lì 农历	lunar calendar
chóng yáng jié 重阳节	the Double Ninth Festival (the 9th day of the 9th lunar month)
jìng lǎo jié 敬老节	the Festival for Respecting the Elderly
yì jīng 易经	*Yi Jing* (*The Book of Changes*)
yīn shù 阴数	yin number
yáng shù 阳数	yang number

续 表

rì yuè bìng yáng 日月并阳	both the date and the month make double yang
liǎng jiǔ xiāng chóng 两九相重	Two ninths make double ninths.
chóng jiǔ 重九	double ninths
jiǔ jiǔ 久久	everlasting
duō cǎi làng màn 多彩浪漫	colorful and romantic
chū yóu shǎng jǐng 出游赏景	going on sightseeing trips
dēng gāo yuǎn tiào 登高远眺	ascending a height to enjoy a distant view
guān shǎng jú huā 观赏菊花	appreciating chrysanthemums
zhū yú 茱萸	cornel (a kind of rare plant)
wǔ gǔ 五谷	five cereals (rice, two kinds of millet, wheat and beans); all kinds of food grains
huàn bìng 患病	fall ill
tàn wàng bìng rén 探望病人	visit a sick person
liǎng shǒu kōng kōng 两手空空	empty-handed

续 表

lüè biǎo xīn yì 略表心意	express one's sincerity
shì yí 适宜	appropriate
zī bǔ pǐn 滋补品	tonic
jì huì 忌讳	taboo
lián xiǎng 联想	remind ... of
lí kāi rén shì 离开人世	leave this world; pass away
bù jí lì 不吉利	inauspicious
shàng hǎi fāng yán 上海方言	Shanghai dialect
bìng gù 病故	die of illness

一、文化要点梳理

1. 中国佛教中的四苦是指人的_____。
2. 婴儿出生以后,婴儿的父母一般会向亲朋好友报喜,同时带上红鸡蛋,称为"_____"或"_____"。
3. 重阳节是哪一天?
4. 为什么探望病人一般忌讳送梨?
5. 在中国,下面哪个数字一般被认为是不吉利的数字?
   A. 11　　　　B. 12　　　　C. 13　　　　D. 14

二、情景模拟表演

1. 请根据课文内容创设一个情景,和同学一起进行对话表演。
2. 请把你的国家的相似事物或情境分享给同学们,可以表演,也可以讲述。

第二课 衣食住行

衣食住行泛指穿衣、吃饭、住房、行路等生活上的基本需要。中国在几千年的发展历史中,衣食住行都形成了自己独有的一些特点。

衣

中国是礼仪之邦、衣冠古国。据史书记载:在黄帝以前的时代,人们头插羽毛遮蔽酷暑,身披兽皮抵挡严寒。到了黄帝掌管天下后,才第一次制作衣裳,并推行于天下。黄帝、尧、舜所创制的衣服分为上下两部分,穿在上半身的称为衣,穿在下半身的称为裳。

根据民间传说,黄帝打败了蚩尤,"蚕神"亲自将她吐的丝奉献出来以示敬意。黄帝命人将丝织成绢,以绢缝衣,穿上绢衣,非常舒服。于是,黄帝的妻子嫘祖便去寻找能吐丝的蚕种,采桑饲蚕。后来,民间崇奉嫘祖为养蚕的蚕神,黄帝为织丝的机神。

采桑养蚕与制丝织绸是中国古代社会几千年的基本劳作手段。现有的考古发现,中国最早的丝织技术至少应该在5500年之前,中国的人工养蚕技术则最早可以追溯到公元前三世纪。从汉代(公元前206—公元220年)起,中国的丝绸不断地、大批地运往国外,成为世界闻名的产品。那时从中国到西方去的大路,曾被欧洲人称为"丝绸之路",中国也被称为"丝国"。

丝质旗袍是当今世人认可和推崇的中国服饰代表。现代旗袍在清代(1616—1911年)以及民国(1912—1949年)旗袍的基础上吸收西方裙装的特点改进而成。旗袍不仅拥有独特的形式美感和装饰美感,更是中国多民族和多元文化不断交流、融合的例证和产物。旗袍有着浓郁的中国特色和素雅清淡的情趣,

一、人情世故篇

鲜明柔美的女性曲线体现着东方女性的端庄、含蓄、典雅、沉静之美。

旗袍

食

民以食为天。人们将"食"作为生活的基本标准，也将"食"作为生活的基本追求和享受。中国文化在很大程度上就是饮食文化。食，在中国文化中占据相当重要的地位。

由于中国幅员辽阔、地大物博，各地气候、物产、风俗习惯等都存在着差异,长期以来,在饮食上也就形成了许多风味。中国一直就有"南米北面"的说法,口味上有"南甜北咸、东酸西辣"之分。

饺子是古老的传统面食,也是深受中国人民喜爱的食品。饺子是中国北方大部分地区每年春节必吃的节日食品,在南方的许多省市也有冬至吃饺子的习惯。

中国人的传统饮食习俗以植物性食材为主,主食是五谷,辅食是蔬菜,外加少量肉食。以热食、熟食为主,也是中国人饮食习俗的一大特点。

中国人的饮食习俗的另一大特点是使用筷子。筷子一般以竹、木、牙、骨、金属或陶瓷等材质制成。一双筷子在手,运用自如,既简单又方便。许多欧美人看到东方人使用筷子,叹为观止,并将筷子赞为一种艺术创造。

中国的烹饪技术与医疗保健有密切的联系,在几千年前就有"医食同源"和"药膳同功"的说法。它是指利用食物原料的药用价值,做成各种美味佳肴,达到防治某些疾病的目的。

筷子

住

中国人最常说的一句话就是"安居乐业",意思是说有了住房,就可以愉快地生活和劳动。大多数居民居住在建筑风格大同小异的房子里,然而,由于各地区自然环境和风土人情的不同,住房显现出一定的多样性,它们在总体布局、建筑体形、空间构图及其他方面有所差异。例如:华北住宅的庭院较方阔,有利于冬季吸纳阳光;东北的院落更加宽大;稍南的晋、陕、豫等省,夏季西晒严重,院子多为窄长形;西北地区风沙很大,院墙加高;黄河中上游地区又多窑洞式住宅。

窑洞式住宅

北京四合院是由东、西、南、北四面房子围合起来形成的住宅。北京四合院作为老北京人世代居住的主要民居形式,驰名中外,世人皆知。

北京四合院

一、人情世故篇

随着中国经济的发展和人民生活水平的提高,在中国北方的很多地区,楼房已经取代了传统的庭院、窑洞式住宅、四合院等中国传统建筑。

中国南方地区炎热多雨,多山地丘陵,人稠地窄,住宅比较紧凑,多楼房。福建土楼依山就势,布局合理,吸收了中国传统建筑规划的"风水"理念,适应聚族而居的生活和防御的要求,巧妙地利用了山间狭小的平地和当地的生土、木材、鹅卵石等建筑材料,是一种自成体系,具有节约、坚固、防御性强等特点,同时又极富美感的生土高层建筑类型。

2008年,"福建土楼"被联合国教科文组织世界遗产委员会列入世界文化遗产名录。福建土楼是中国传统民居的瑰宝,也是客家文化的重要载体。这些独特的建筑大多分布在福建省南部山区,尤其是永定、南靖等地。它们建于明清时期,至今已有数百年的历史。

福建土楼的建筑风格独特,以圆形和方形为主。圆楼最具代表性,被誉为"东方古堡"。土楼墙体厚实,通常高达数米甚至十几米,具有很好的防御功能。土楼内部空间宽敞、布局合理,设有多个房间,可容纳数十人居住。

福建土楼与客家文化有着密切的关系。客家人是中国古代中原地区南迁的汉族移民,他们在迁徙过程中形成了独特的文化传统。福建土楼作为客家人聚居的地方,见证了他们的生活方式、风俗习惯和宗教信仰。土楼不仅是居住场所,更是客家文化的传承基地。

福建土楼

行

出行是人们日常生活中必不可少的一部分,除

了步行外,人们出行时往往会借助各种交通工具。交通工具狭义上指一切人造的用于人类代步或运输的装置,如自行车、摩托车、汽车、火车、轮船、飞机等。其中也包括马车、牛车等动物驱动的移动设备,从这一点来说,轿子、黄包车也可以算是交通工具。

轿子在中国大约有四千多年的历史。据史书记载,轿子的原始雏形产生于夏朝(约公元前21世纪—约公元前16世纪)初期。一般认为,轿子是在古代车子的基础上演变而来的。轿子曾在中国各地流行,也是老北京的传统交通工具之一。二人抬的称"二人小轿";四人抬的称"四人小轿";八人以上抬的则称为大轿,如"八抬大轿"。过去人们结婚讲究明媒正娶,一般用"八抬大轿"来娶亲。现在"八抬大轿"多用来指请人的态度诚恳、仪式隆重;有时也指被请的人摆架子,需要"八抬大轿"来请。20世纪80年代中期开始,花轿多被旅游业启用。花轿多设置在旅游点,与中国皇室传统的结婚礼服——凤冠、霞帔配合,用来接待中外游客,举行中国古代婚礼仪式,或用作拍摄道具。

花轿

自行车于19世纪末从西方传入中国,成为宫廷贵族的玩具。20世纪70年代末,自行车、缝纫机和手表一度成为中国年轻人结婚必备的"三大件"。到80年代,"飞鸽"牌自行车、"永久"牌自行车成为人们青睐的交通工具,自行车迅速成为当时中国人最重要、最普及的代步工具。那时每日上下班时壮观的自行车洪流,更是让中国成为外国人眼中的"自行车王国"。如今,在一些公交系统还不便捷的地方,人们依然选择自行车或电动自行车上下班,高峰时

一、人情世故篇

间的自行车洪流仍是一道令人惊叹的景观。

随着社会的发展,中国政府一直致力于解决出行困难问题。目前,地铁成为中国大城市最为便利快捷的交通系统,也是人们出行时首选的交通工具之一。人们出远门时,更倾向于选择乘坐飞机、高铁、动车等,越来越多的家庭也拥有了轿车,出行的方式也变得更加多样化。

地铁出行

词汇学习

lǐ yí zhī bāng 礼仪之邦	an nation of etiquette
yī guān gǔ guó 衣冠古国	civilization renowned for its clothing culture
tóu chā yǔ máo 头插羽毛	feather on one's head
zhē bì kù shǔ 遮蔽酷暑	shield from intense heat
shēn pī shòu pí 身披兽皮	be covered with hide
dǐ dǎng yán hán 抵挡严寒	keep out the cold
tuī xíng yú tiān xià 推行于天下	spread something all over the country
shàng bàn shēn 上半身	the upper part of the body
yī 衣	upper garment / top
xià bàn shēn 下半身	the lower part of the body
shang 裳	lower garment（skirt or trousers）

续　表

mín jiān chuán shuō 民间传说	folk legend; folklore
huáng dì 黄帝	the Emperor Huang (the founder of the ancient Chinese civilization)
chī yóu 蚩尤	Chi You (one of the founders of the ancient Chinese civilization)
cán shén 蚕神	silkworm God
sī 丝	silk
yǐ shì jìng yì 以示敬意	as a sign of respect
sī zhī chéng juàn 丝织成绢	silk is woven into fine silk fabric
juàn yī 绢衣	silk garment
léi zǔ 嫘祖	Leizu (wife of the Emperor Huang)
cán zhǒng 蚕种	silkworm eggs
cǎi sāng sì cán 采桑饲蚕	pick mulberry leaves to feed silkworms
chóng fèng 崇奉	regarding ... as ... respectfully
zhī sī 织丝	weaving silk

续　表

jī shén 机　神	God of the weaving machine
kǎo gǔ fā xiàn 考 古 发 现	archaeological discovery
rén gōng yǎng cán 人 工 养 蚕	artificial silkworms farming
zhuī sù 追　溯	date back to
shì jiè wén míng 世 界 闻 名	renowned
sī chóu zhī lù 丝 绸 之 路	Silk Road
sī guó 丝　国	the country of silk
sī zhì qí páo 丝 质 旗 袍	silk Qipao
tuī chóng 推　崇	praise highly
qīng dài 清　代	Qing Dynasty
mín guó 民　国	Republic of China
xī fāng qún zhuāng 西 方 裙 装	skirts of Western countries
xíng shì měi gǎn 形 式 美 感	aesthetics in form
zhuāng shì měi gǎn 装 饰 美 感	decoration aesthetics

续 表

duō yuán wén huà 多元文化	multi-culture
sù yǎ qīng dàn 素雅清淡	plain and elegant
mín yǐ shí wéi tiān 民以食为天	People regard food as their prime want, and food safety is a top priority
yǐn shí wén huà 饮食文化	culinary culture, diet culture
fú yuán liáo kuò 幅员辽阔	a vast territory
dì dà wù bó 地大物博	the vast territory and abundant resources
fēng wèi 风味	flavor
nán mǐ běi miàn 南米北面	rice in the south and flour food in the north
kǒu wèi 口味	taste
nán tián běi xián 南甜北咸	sweet food in the south and salty food in the north
dōng suān xī là 东酸西辣	sour food in the east and spicy food in the west
jiǎo zi 饺子	jiaozi (dumpling with meat and vegetable stuffing)
chuán tǒng miàn shí 传统面食	traditional flour food

续 表

dōng zhì 冬至	the Winter solstice
zhí wù xìng shí cái 植物性食材	botanical food species
zhǔ shí 主食	staple food
fǔ shí 辅食	complementary food
rè shí 热食	hot food
shú shí 熟食	cooked food
tè diǎn 特点	feature
kuài zi 筷子	chopstick
yǐ zhú zhì chéng 以竹制成	made from bamboo
yùn yòng zì rú 运用自如	can be used freely
jiǎn dān jīng jì 简单经济	simply and economically
yì shù chuàng zào 艺术创造	artistic creation
pēng rèn jì shù 烹饪技术	cooking art
yī liáo bǎo jiàn 医疗保健	medical health

续 表

yī shí tóng yuán 医食同源	Medicine and food have the same origin.
yào shàn tóng gōng 药膳同功	the same function of medicine and food
yào yòng jià zhí 药用价值	medical value
měi wèi jiā yáo 美味佳肴	delicious food
ān jū lè yè 安居乐业	the pleasant living and working space for people
jiàn zhù fēng gé 建筑风格	architectural style
zǒng tǐ bù jú 总体布局	overall arrangement
jiàn zhù tǐ xíng 建筑体形	building shape
kōng jiān gòu tú 空间构图	space composition
jìn 晋	Shanxi Province
shǎn 陕	Shaanxi Province
yù 豫	Henan Province
fēng shā 风沙	blown sand
yáo dòng shì zhù zhái 窑洞式住宅	cave dwelling

续　表

sì hé yuàn 四合院	the quadrangle house
chí míng zhōng wài 驰名中外	be known at home and abroad
shì rén jiē zhī 世人皆知	well-known
yán rè duō yǔ 炎热多雨	hot and rainy
shān dì qiū líng 山地丘陵	mountainous and hilly areas
rén chóu dì zhǎi 人稠地窄	less land but densely populated
fú jiàn tǔ lóu 福建土楼	Fujian Tulou (an indigenous roundhouse, used by Hakkas in Fujian for both inhabitation and defense of the clan)
yī shān jiù shì 依山就势	following the physical topography
fēng shuǐ 风水	geomantic omen
jù zú ér jū 聚族而居	live together based on patriarchal clan
zì chéng tǐ xì 自成体系	has/have its own system
lián hé guó jiào kē wén zǔ zhī 联合国教科文组织 shì jiè yí chǎn wěi yuán huì 世界遗产委员会	UNESCO World Heritage Committee

续　表

shì jiè wén huà yí chǎn míng lù 世界文化遗产名录	the World Cultural Heritage Catalog
jiāo tōng gōng jù 交通工具	transportation vehicles
xiá yì shàng 狭义上	in a narrow sense
yùn shū de zhuāng zhì 运输的装置	the transportation device
jiào zi 轿子	a sedan chair
huáng bāo chē 黄包车	rickshaw
yuán shǐ chú xíng 原始雏形	in embryonic form
yǎn biàn 演变	evolve
yán xí 沿袭	follow
huā jiào 花轿	a bridal sedan chair
bǎi jià zǐ 摆架子	put on airs
fèng guān 凤冠	phoenix coronet
xiá pèi 霞帔	an embroidered shawl, cape for a woman of noble rank

031

续　表

pèi hé 配合	match
hūn lǐ yí shì 婚礼仪式	wedding ceremony
pāi zhào dào jù 拍照道具	photo props
gōng tíng guì zú 宫廷贵族	court nobility
féng rèn jī 缝纫机	sewing machine
fēi gē pái "飞鸽"牌	"Flying Pigeon" (brand name of the bicycle)
yǒng jiǔ pái "永久"牌	"Everlasting" (brand name of the bicycle)
zhuàng guān 壮观	impressive
zì xíng chē wáng guó 自行车王国	the kingdom of bicycles
gāo fēng shí jiān 高峰时间	rush hours
biàn lì kuài jié 便利快捷	rapid and convenient
gāo tiě 高铁	a high-speed train
dòng chē 动车	a bullet train
duō yàng huà 多样化	diversity

一、文化要点梳理

1. 据考古发现,中国的丝织技术至少可追溯到_____年以前。
2. 中国一直有"南米北面"的说法,口味上一般有"南_____北_____、东_____西_____"之分。
3. 西方人一般用刀叉作为进食工具,而中国人则用_____作为进食工具。
4. 大多数中国人认为有了住房,就可以愉快地生活和劳动,这就是人们常说的_____。
5. "架子这么大,难道需要'八抬大轿'请你不成?"这句话含有_____的意味。
   A. 赞扬　　　B. 讽刺　　　C. 欣赏　　　D. 尊重

二、情景模拟表演

1. 请根据课文内容创设一个情景,和同学一起进行对话表演。
2. 请把你的国家的相似事物或情境分享给同学们,可以表演,也可以讲述。

第三课 礼尚往来

中国素有"文明古国,礼仪之邦"之称。中国人很讲究礼节和仪式,在日常生活中,人们信奉礼尚往来的原则。

礼是什么

礼尚往来是孔子对"礼"的阐述。《礼记·曲礼上》中记载了孔子的话:"礼尚往来,往而不来,非礼也;来而不往,亦非礼也。"礼是礼貌、礼节的意思;尚是重视的意思。礼尚往来指在礼节上重视有来有往。现在也指以同样的态度或做法回应对方。

礼在中国古代是社会的典章制度和道德规范。"礼"的制定可以上溯到周朝(公元前1046—公元前256年)。西周(公元前1046—公元前771年)时期是我国古代历史上的礼治时代,这一时期的礼仪习俗逐渐演变为法定的制度,成为传统文化的核心。中国的古籍中有许多是论述礼教的,如《周礼》《仪礼》《礼记》,这三本书合称为"三礼",它们是中国最早、最重要的礼仪论著。

孔子非常注重礼对个人的人格以及社会秩序的重要作用。他曾经说过:"质胜文则野,文胜质则史。文质彬彬,然后君子。"这句话的意思是说,文章只注重内容而没有文采是很粗糙的,只注重文采而缺乏内容则很虚浮,人的品质和外表也如同文章,要相得益彰。有品质、有才华、有教养、懂礼数的人才能被称为君子。礼的中心是社会关系,所有的社会结构都是从礼出发衍生出来的。

礼尚往来是礼貌待人的一条重要准则。就是说,接受别人的好意,必须报以同样的礼敬。除此之外,对于受恩者来说,还应该回报得更多,情谊更深,"滴水之恩,涌泉相报""投桃报李""投木报琼""得牛还马"等词都表达了这种意思。

中国文化

礼尚往来

送什么礼

也有很多人将礼尚往来中的"礼"理解成礼品、礼物,认为礼尚往来就是互相赠送礼品、礼物的意思。这种理解比较片面,但并非完全错误。

通常人和人之间互相赠送物件,是为了取悦对方,或表达善意和敬意。礼物也用来庆祝节日或重要的日子,比如中秋节的月饼或生日礼物。礼物也可以是非物质的。中国古代有"千里送鹅毛,礼轻情义重"的说法,表示礼物的价值在于送礼者的善意和心意,而非礼物本身的价值。礼物不需要太贵,只要表达了心意就可以了。礼物拉近了人与人之间的距离。

送礼自有其约定俗成的规矩,送给谁、送什么、怎么送都很有讲究,绝不能瞎送、胡送、滥送。送礼时,首先要注意礼物轻重得当,不可太轻,也不可太重;其次要注意送礼的时间和场合,一般来说,以选择重要节日、喜庆、寿诞送礼为宜;最后要注意礼品的意义,如给刚出生的婴儿送银锁,寓意着"锁住"儿童生命,让他健康成长。

银锁

送礼忌讳

中国人送礼忌讳送"钟""梨""鞋""伞""扇子""刀

剑"、"帽子"等,因为这些物件的发音与某些不吉利的词语相同,容易产生不好的联想。

"钟"与"终"谐音,"送钟"更会让老人们联想到"送终",很不吉利。水果是走亲访友时候的最常见的礼物之一,但"梨"与"离"谐音,送给夫妻、恋人很不适合。"鞋"与"邪"同音,而且鞋被踩在脚下,所以除了自己家人,一般不要给别人送鞋。"伞"音同"散","散"意离散,为人们所不喜欢,所以伞被视为不吉利的礼物。扇子因为只用于夏天,一到秋凉天即被抛之不用,有绝情之意,俗称"送扇无相见"。刀剑等利器,容易伤人,且俗话有"一刀两断"之说,用于送人恐有割断关系的不好联想。俗话中有"愁帽子"之说,老人去世孝子要头戴孝帽,所以忌讳将帽子送给别人。

中国人送礼在数量上也有忌讳。"四"听起来就像是"死",历来为人们所忌讳。近年来,随着中西方文化的融合,"13"也成了人们不喜欢的数字。在送礼中以避开这两个数字为佳。

中国人送礼在颜色上也有忌讳。传统习俗认为,红色寓意喜庆,而白色、黑色不吉利。喜事中多用红色，丧事中多用白色、黑色。所以，礼物颜色的选择上最好避开白色、黑色。

君子之交

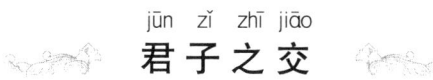

人际交往中，中国人最崇尚的是君子之交。《庄子·山木》中说："君子之交淡如水，小人之交甘若醴。"意思是，君子之间的交情淡得像水一样清澈纯洁、不含杂质，小人之间的交情却像甜酒一样。君子之交虽然平淡，但心地亲近；小人之交虽然甜蜜，但是容易因为利益断交。这里的"淡如水"不是说君子之间的感情淡得像水一样，而是指君子之间的交往，不含任何功利之心，他们的交往纯属友谊，长久而亲切。小人之间的交往，包含着浓重的功利之心，他们把友谊建立在相互利用的基础上，表面看起来"甘若醴"，如果对方满足不了功利的需求时，很容易断交，他们之间存在的只是利益。

礼尚往来具有丰富的内涵，社会交往中保持尊重、平等、真诚的态度最为重要。

中国文化

词汇学习

lǐ shàng wǎng lái 礼尚往来	Courtesy demands reciprocity. / Dealing with sb as he deals with you.
lǐ yí zhī bāng 礼仪之邦	a state of rites
lǐ jié 礼节	etiquette, ceremony
yí shì 仪式	rite
diǎn zhāng zhì dù 典章制度	decrees and regulations system
dào dé guī fàn 道德规范	ethical codes
xī zhōu shí qī 西周时期	the Western Zhou Dynasty
lǐ zhì shí dài 礼治时代	era of etiquette governance
lǐ jiào 礼教	the Confucian instructions of rites
zhōu lǐ 《周礼》	Zhou Li (a classical book in ancient China about ceremony)
yí lǐ 《仪礼》	Yi Li (a classical book in ancient China about ceremony)

续 表

lǐ jì 《礼记》	*Li Ji* (a classical book in ancient China about ceremony)
zhì shèng wén zé yě, wén shèng zhì zé shǐ 质胜文则野,文胜质则史	The article focusing only on content, not style, is rough, while the article focusing only on style, not content, is frivolous.
wén zhì bīn bīn, rán hòu jūn zǐ 文质彬彬,然后君子	One can only be a junzi (true gentleman) when one has both polish and substance.
cū yě 粗野	rude and rough
xū fú 虚浮	impractical; superficial
zhì pǔ 质朴	plain, simple and unadorned
jiào yǎng 教养	cultured, educated, cultivated
yǎn shēng 衍生	derive from
zhǔn zé 准则	norm; standard
lǐ jìng 礼敬	politeness and respect
shòu ēn zhě 受恩者	beneficiary
dī shuǐ zhī ēn, yǒng quán xiāng bào 滴水之恩,涌泉相报	The favor of a drop of water has been rewarded with the gratitude of a fountain of water.

续 表

tóu táo bào lǐ 投桃报李	If one receives a plum, he/she is obliged to return a peach.
tóu mù bào qióng 投木报琼	If one receives a quince, he/she is obliged to return a fine jade.
dé niú hái mǎ 得牛还马	If one receives a cow, he/she is obliged to return a horse.
fū qiǎn 肤浅	superficial
qiān lǐ sòng é máo, lǐ qīng qíng yì zhòng 千里送鹅毛,礼轻情义重	The gift itself may be light as a goose feather, but sent from afar, it conveys profound feelings.
shàn yì 善意	goodwill; kindness
jìng yì 敬意	respect
yuē dìng sú chéng 约定俗成	customary
xiā sòng 瞎送	presenting a gift without considering its value
hú sòng 胡送	presenting a gift without considering time or occasion
làn sòng 滥送	presenting a gift without considering its meaning
yín suǒ 银锁	silver lock

续　表

jì huì 忌讳	taboo
sòng zhōng 送　终	look after a dying parent and arrange for the burial of a deceased parent
yì dāo liǎng duàn 一 刀 两 断	to cut sth into two (make a clean break with; break off all relations with)
jūn zǐ zhī jiāo dàn rú shuǐ 君 子 之 交 淡 如 水	the friendship between gentlemen is as fresh as water
xiǎo rén zhī jiāo gān ruò lǐ 小 人 之 交 甘 若 醴	the trade between villains is seemingly as sweet as wine

一、文化要点梳理

1. 中国最早、最重要的礼仪论著是哪三本书?
2. 你知道给刚出生的婴儿送银锁是什么寓意吗?
3. 中国人送礼在数量上也有忌讳,哪两个数字为中国人所忌讳?
4. 为什么中国人送礼忌讳送"鞋"?
5. 中国人在办喜事中多用什么颜色?
   A. 黄色　　　B. 红色　　　C. 白色　　　D. 蓝色

二、情景模拟表演

1. 请根据课文内容创设一个情景,和同学一起进行对话表演。
2. 请把你的国家的相似事物或情境分享给同学们,可以表演,也可以讲述。

二、

节日庆典篇

节日庆典是民族文化的一道绚丽风景线。每个国家和民族都有庆祝其历史上某些重要日子的习俗,如西方国家有庆祝耶稣诞生的圣诞节,有向亲人表示感恩的感恩节,有庆祝国家独立的独立日等。在这些重大节日期间,往往需要举行种类繁多的庆典活动,这些丰富多彩的节日庆典活动既丰富了民族文化,也加深了人民对祖国文化的浓厚情感。中国悠久的历史文化也同样形成了很多具有浓郁中国文化特色的节日庆典活动。本篇主要通过恭贺新禧、中秋赏月和欢度国庆等方面介绍中国人以何种方式欢度春节、中秋节和国庆节这三大节日。

第四课　恭贺新禧

"恭贺新禧"是中国人祝贺新年的常用语,指恭敬地祝贺新年幸福吉祥如意。对大多数中国人而言,新年指的是农历新年的第一天,正月初一被定名为春节。在民间,传统意义上的春节是指从腊月初八的腊祭或腊月二十三或二十四的祭灶,一直到正月十五,其中以除夕和正月初一为高潮。

农历一年的最后一天(月大为三十日,月小为二十九日)被称为"大年三十"或"除夕"。除夕晚上全家人团圆吃年夜饭,年夜饭以后有守岁和发压岁钱的习俗,表示从农历上年的最后一天守到来年的第一天,因此,春节又称为过年。

过年有很多习俗,有些习俗随着时代的变迁已不再沿用,而包饺子、吃年糕、贴门神、贴春联、贴窗花、贴

"福"字、贴年画、挂中国结、放烟花爆竹、拜年、舞狮舞龙、扭秧歌、踩高跷、闹元宵、猜灯谜等至今仍被人们认为是体现年味的基本活动。

包饺子

饺子的谐音"交子"指的是新年与旧年相交的时刻。过春节吃饺子意味着大吉大利。另外，饺子形状像元宝，包饺子意味着包住福运。

吃年糕

年糕又称"年年糕"，与"年年高"谐音，寓意人们的工作和生活一年比一年提高。

贴门神

过年时，贴门神是为了祈求一家的福寿康宁。人们认为，大门贴上两位手执兵器、怒目而视、威风凛凛的门神，一切妖魔鬼怪都会望而生畏。

门 神

贴春联

春联也叫门对、春贴、对联、对子、桃符等,是写在纸、布上或刻在竹子、木头、柱子上的对偶语句。每逢春节,家家户户都要精选春联贴于门上,为节日增加喜庆气氛。

贴窗花

过年时,人们喜欢在窗户上贴各种剪纸——

窗花。窗花的表现题材极其广博,但最多的是花卉、动物和"五谷丰登""连年有余""贵花祥鸟""龙凤呈祥"等喜庆吉祥的纹样。窗花不仅美化生活环境,而且寄托着对生活理想的追求与渴望。

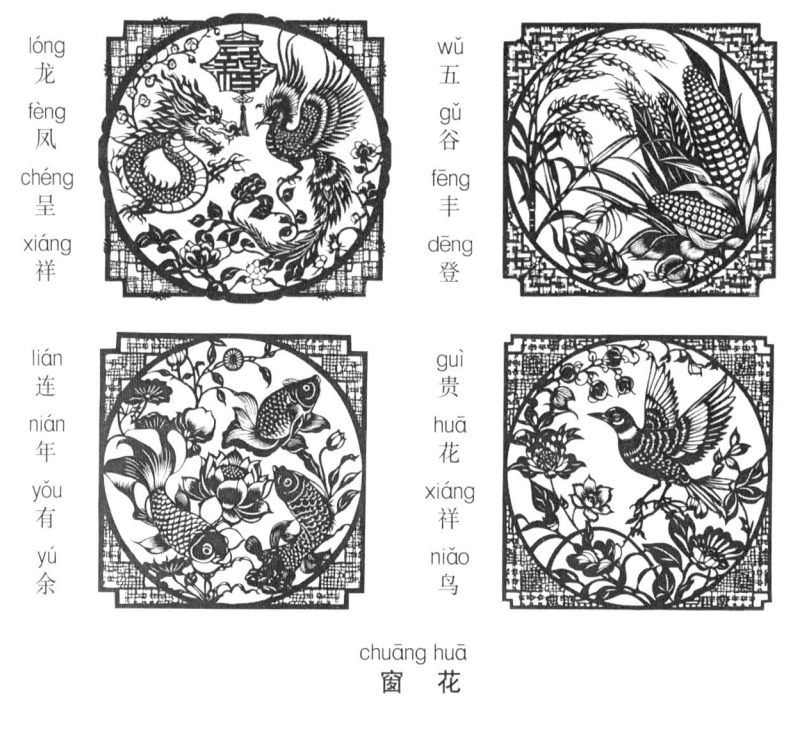

窗花

贴"福"字

贴春联的同时,人们往往也在门楣或墙壁贴上大大小小的"福"字。"福"指福气、福运、幸福。春节贴"福"字,无论是现在还是过去,都寄托了人们对幸福生活的向往,也是对美好未来的祝愿。民间为了更充分地体现这种向往和祝愿,会将"福"字倒过来贴,表示"幸福已到""福气已到"。

贴年画

年画就是新年时张贴的画,有装饰环境和祝福新年吉祥喜庆之意。年画大多采用大红大黄等鲜艳的色彩,注重情趣和造型的表现,人物生动可爱,富有活力。年画蕴涵着各地独特的艺术风格,形式变化多样,内容广泛,各类武将门神、灶爷、财神、观音、八仙、寿星、戏曲人物、耕织农作、民间传说、历史故事、花卉、动物、仕女、娃娃、风光景色等应有尽有。

年画

挂中国结

如今过年挂中国结成为一种新时尚。中国结具有悠久的历史。"结"表示力量、和谐,是一个充满情感的字眼,无论是结合、结交、结缘、团结、结果,还是结发夫妻、永结同心,"结"都给人一种团圆、亲密、温馨的美感。"结"与"吉"谐音,"吉"有着丰富多彩的内容,福、禄、寿、喜、财、安、康,无一不属于吉的范畴。

放烟花爆竹

人们过年放烟花爆竹,寓意避邪驱凶,吓走怪兽,以保佑家人平安,表达吉庆欢乐之情。爆竹亦称"爆仗""炮仗""鞭炮"。最早的爆竹,是指燃竹而爆,因竹子焚烧发出"噼噼啪啪"的响声,故称爆竹。然而,烟花爆竹对环境造成大气污染和噪音污染,有环保意识的人们已经开始不放或少放烟花爆竹。

拜年

拜年是中国民间历代传承下来的人们辞旧迎新、相互表达美好祝愿的一种方式。春节期间,人们在见面时会一边作揖,一边互致新年问候。传统的拜年作揖方式是:男子右手成拳,左手包住或盖住右手。女子则相反,但女子不抱拳,只压手。问候语通常是"新年好""给您拜年了""恭喜发财""万事如意"等。

舞狮舞龙

舞狮又称"狮子舞""狮灯""舞狮子"。狮子是祥瑞的神兽,也是避邪的猛兽,故舞狮有驱逐疫鬼之意;舞龙也叫"耍龙灯""龙灯舞",从春节到元宵灯节,许多地方都有舞龙的习俗。龙在中华民族代表了吉祥、尊贵、勇猛,更是权力的象征。人们在喜庆日子里用舞龙来祈祷龙的保佑,以求得风调雨顺、五谷丰登。

舞龙

踩高跷

踩高跷是中国民间舞蹈的一种形式,人们腿绑高跷,在音乐的伴奏下翩翩起舞,舞姿以雄健、惊险为主。踩高跷技艺性强,形式活泼多样,演员踩跷比一般人高,便于远近观赏。据历史学家考证,尧舜时代以鹤为图腾的丹朱氏族在祭礼中要踩着高跷拟鹤跳舞。

扭秧歌

扭秧歌起源于插秧耕田的劳动生活,又和古代祭祀农神、祈求丰收、祈福禳灾有关,并在发展过程中不断吸收农歌、菱歌、民间武术、杂技以及戏曲的技艺与形式,发展成今天的一种民间歌舞。秧歌舞队一般由十多人至百人组成,扮成历史故事、神话传说和现实生活中的人物边舞边走,随着鼓声节奏,变换各种队形。在中国各地的秧歌中,东北大秧歌以其火爆、泼辣,又稳静、幽默而著称。

闹元宵

正月十五是过年的最后一天,也被称作"元宵节"。古人用"元"指"年",用"宵"指"夜",因此这天被称为"元宵节"。这天是一年之中的第一个月圆之夜,人们舞龙舞狮、跑旱船、踩高跷、扭秧歌、点彩灯、吃元宵等,热热闹闹地庆祝此节,为过年画上一个圆满的句号。元宵也叫"汤圆""圆子",象征合家团圆。吃元宵意味新的一年合家幸福、万事如意。

猜灯谜

"猜灯谜"又叫"打灯谜",是中国独有的富有民族风格的一种文娱形式,是从古代就开始流传的元宵节特色活动。每逢农历正月十五,各家各户都要挂起彩灯,燃放焰火。后来人们把谜语写在纸条上,贴在五光十色的彩灯上供人猜。因为谜语能启迪智慧,又迎合节日气氛,所以响应的人众多,猜灯谜逐渐成为元宵节不可缺少的节目。

二、节日庆典篇

cí huì xué xí
词 汇 学 习

gōng hè xīn xǐ 恭 贺 新 禧	Happy New Year!
zhēng yuè chū yī 正 月 初 一	the first day of the lunar new year
chūn jié 春 节	the Spring Festival
là jì 腊 祭	offer sacrifices in the 12th month of the lunar year
jì zào 祭 灶	offer sacrifices to the kitchen god (on the 23rd/24th of the 12th lunar month)
chú xī 除 夕	lunar New Year's Eve
nián yè fàn 年 夜 饭	dinner on New Year's Eve
shǒu suì 守 岁	stay up late or all night on New Year's Eve
yā suì qián 压 岁 钱	money given to children as a lunar New Year gift
biàn qiān 变 迁	changes
nián gāo 年 糕	niangao (Spring Festival cake made of glutinous rice flour)

续　表

mén shén 门　神	Door Gods
chūn lián 春　联	Spring Festival couplets (pasted on gateposts or door panels)
chuāng huā 窗　花	paper-cut pasted on panes
fú 福	happiness
nián huà 年　画	Spring Festival picture
zhōng guó jié 中　国　结	Chinese knot
yān huā bào zhú 烟　花　爆　竹	fireworks and firecrackers
bài nián 拜　年	pay a New Year call
wǔ shī 舞　狮	lion dance (the lion is believed to be able to dispel evil and bring good luck)
wǔ lóng 舞　龙	Chinese dragon dance (to expect good weather and good harvests)
yāng gē 秧　歌	Yangko (a kind of folk dance in China)
gāo qiāo 高　跷	stilts
nào yuán xiāo 闹　元　宵	celebrate the Lantern Festival
dēng mí 灯　谜	riddles written on lanterns

续　表

nián wèi 年 味	Spring Festival atmosphere
dà jí dà lì 大 吉 大 利	good luck
yuán bǎo 元 宝	gold ingot in ancient China
yù yì 寓 意	imply
qí qiú 祈 求	prey
fú shòu kāng níng 福 寿 康 宁	good fortune, long life, health and peace
shǒu zhí bīng qì 手 执 兵 器	hold weapons in both hands
nù mù ér shì 怒 目 而 视	glare
wēi fēng lǐn lǐn 威 风 凛 凛	majestic looking
yāo mó guǐ guài 妖 魔 鬼 怪	evil spirits of all kinds
wàng ér shēng wèi 望 而 生 畏	stand in awe
duì ǒu 对 偶	couplets
jiǎn zhǐ 剪 纸	paper-cut
huā huì 花 卉	flowers and plants

续　表

wén yàng 纹样	pattern
jì tuō 寄托	pin one's hope on
mén méi 门楣	lintel
yùn hán 蕴涵	imply
wǔ jiàng 武将	warrior
zào yé 灶爷	the Kitchen God
cái shén 财神	the God of Wealth
bā xiān 八仙	the Eight Immortals (in the legend)
shòu xīng 寿星	the god of longevity
shì nǚ 仕女	maid in an imperial palace; a genre in traditional Chinese painting
jié fà fū qī 结发夫妻	husband and wife by the first marriage
lù 禄	good fortune
fàn chóu 范畴	category
bì xié qū xiōng 避邪驱凶	exorcise evil spirits

续　表

guài shòu 怪 兽	monster
bǎo yòu 保 佑	bless
zuō yī 作 揖	make a bow with hands folded in front
gōng xǐ fā cái 恭 喜 发 财	May you be happy and prosperous!
xiáng ruì 祥 瑞	auspicious
shén shòu 神 兽	spiritual beast
qū zhú yì guǐ 驱 逐 疫 鬼	expel the evil ghost who spreads plagues
fēng tiáo yǔ shùn 风 调 雨 顺	propitious winds and rains
piān piān qǐ wǔ 翩 翩 起 舞	dance gracefully
tú téng 图 腾	totem
dān zhū shì zú 丹 朱 氏 族	Danzhu clan
qí fú ráng zāi 祈 福 禳 灾	praying to gods to avert a disaster
líng gē 菱 歌	folk songs sung while people collect ling nuts (water caltrop seeds)
pǎo hàn chuán 跑 旱 船	boating on land dance

一、文化要点梳理

1. 春节是在哪一天?
2. 过年时,人们包饺子、吃年糕有什么寓意?
3. 中国人过年有很多习俗,一般要贴＿＿＿＿＿、＿＿＿＿＿、＿＿＿＿＿、＿＿＿＿＿、＿＿＿＿＿。
4. 你知道哪些拜年时常用的问候语?
5. 你知道元宵节有哪些热闹的活动?

二、情景模拟表演

1. 请根据课文内容创设一个情景,和同学一起进行对话表演。
2. 请把你的国家的相似事物或情境分享给同学们,可以表演,也可以讲述。

第五课　中秋赏月

在中国人的传统节日里,中秋节被看作是仅次于春节的第二大节日。中秋节在农历八月十五,人们普遍认为这天晚上的月亮是一年中最大、最圆的。在中国传统文化中,关于月亮的神话传说和诗词极为丰富,月亮也由此被称作"玉兔""桂宫""广寒""婵娟"等。在中秋节,人们品尝月饼,讲述月亮的神话故事,吟诵月亮的诗歌,感受团圆之乐,表达思念之情。

品尝月饼

和端午节吃粽子、元宵节吃汤圆一样,中秋吃月饼也是中国民间的传统习俗。据说唐朝(618—

907年)时期已经有了吃月饼的习俗,但是月饼作为食品名称并同中秋节赏月联系在一起,则是宋代(960—1279年)的事情。

北宋(960—1127年)皇家中秋节喜欢吃一种圆形的"宫饼",民间俗称为"小饼"。南宋(1127—1279年)文学家周密在《武林旧事》中首次提到"月饼"的名称。传说元朝(1271—1368年)末期,人们还利用月饼来传递反元信息,说明当时月饼已经走入寻常百姓家,成为中秋佳节的必备食品。

品尝月饼时,一要看月饼上的图案和文字,二要品尝月饼的味道,尤其是内馅。月饼上美丽的图案是用模子打出的,因此做月饼又称打月饼。模子多以"嫦娥奔月""十二生肖""吉祥花草"等寓意吉祥的纹饰为主,并且大多配有"福""禧""中秋""合家团圆"等表达祈福纳祥的文字。现在月饼上的文字如"五仁""莲蓉""豆沙""蛋黄"等表示月饼馅的内容。月饼较甜,在品尝月饼的同时,人们还常常配上中国的传统饮料——茶。

神话传说

中国关于月亮的神话,最早载于《山海经》《楚辞》《淮南子》中,而最广为人知的要数"嫦娥奔月""吴刚伐桂""玉兔捣药"了。

"嫦娥奔月"是古人奔月梦想的朴素表达。相传,射日英雄后羿向王母娘娘求得一包不死药,交于妻子嫦娥珍藏。不料此事被门客逢蒙知晓,趁后羿外出狩猎,威逼嫦娥交出不死药。情急之下,嫦娥一口吞下不死药,随后,嫦娥立刻向天上飞去,由于牵挂丈夫,她便飞落到离人间最近的月亮上成了仙。

嫦娥奔月

"吴刚伐桂"则是人们对于月亮上存在的黑影的想象。传说中,这些黑影就是吴刚在伐桂。月中桂树高达五百丈,且有神奇的自愈功能。西河人吴刚,本为樵夫,醉心于仙道,但始终不肯专心学习,因此天帝震怒,把他留在月宫砍伐桂树,并说:"如果你砍倒桂树,就可获仙术。"但是桂树随砍随合,吴刚只能不断地砍下去。

"玉兔捣药"说的则是三位神仙的故事。他们化身为三个可怜的老人,向狐狸、猴子及兔子乞食。狐狸及猴子都拿出食物接济老人,但兔子告诉老人:"你们吃我吧。"它就跳进烈火中。神仙们大受感动,于是将兔子送到了广寒宫,成了玉兔。后来,玉兔就在广寒宫里和嫦娥相伴,并捣制长生不老药。

这些神话传说在民间有很多版本,但在总体架构上类似,只在细节上稍微有所出入。

赏月作诗

与春节、元宵节、端午节、重阳节、除夕等相比,中秋节无疑是最有文化底蕴的一个节日。描写中秋节的诗词汗牛充栋,不可胜数,构成了中秋灿烂文化的一部分。

唐朝诗人李白写了很多关于月亮的诗。"小时不识月,呼作白玉盘""举杯邀明月,对影成三人""明月出天山,苍茫云海间""举头望明月,低头思故乡"等,不过这些诗句并不是写中秋的。李白写中秋的诗句是《子夜吴歌·秋歌》:

> 长安一片月,万户捣衣声。
> 秋风吹不尽,总是玉关情。
> 何日平胡虏,良人罢远征。

《子夜吴歌》是六朝(222—589年)时南方著名的情歌,多写少女对情人热烈深挚、真诚缠绵的思念。李白抓住了这种表达感情的特点,在诗中成功地描写了月下长安城妇女边捣衣边思念出征丈夫的深情,希望丈夫早返家园和亲人过上和平安定生活的愿望。

苏轼《水调歌头》一词为中秋诗词中的绝唱:

明月几时有？把酒问青天。不知天上宫阙，今夕是何年。我欲乘风归去，又恐琼楼玉宇，高处不胜寒。起舞弄清影，何似在人间？

转朱阁，低绮户，照无眠。不应有恨，何事长向别时圆？人有悲欢离合，月有阴晴圆缺，此事古难全。但愿人长久，千里共婵娟。

这首词构思奇拔，独辟蹊径，神话与现实、出尘与入世、感慨与旷达，层层交织，极富浪漫主义色彩，也极富哲理与人情。

辛弃疾的《木兰花慢》，打破了历来咏月的成规，发前人之所未发，充分表现了作者丰富的想象力和大胆的创新精神，别具一格，成为千古绝唱。

可怜今夕月，向何处，去悠悠？是别有人间，那边才见，光影东头？是天外，空汗漫，但长风浩浩送中秋？飞镜无根谁系？姮娥不嫁谁留？

谓经海底问无由，恍惚使人愁。怕万里长鲸，纵横触破，玉殿琼楼。虾蟆故堪浴水，问云何玉兔解沉浮？若道都齐无恙，云何渐渐如钩？

这首词巧妙地安排了神话传说。词中把有关月亮的神话传说集中起来,经过选择并加以编排,使之成为统一整体,创造出带有浪漫色彩的神话形象。

团圆是中秋节的主题,也是中国文化最温暖的归宿。无论是寄托给满月的愿望,还是中秋夜各种有趣的风俗,最终都在家人的笑脸中凝成永恒的快乐。

词汇学习

yù tù 玉兔	jade hare (another name of the moon)
guì gōng 桂宫	Gui Palace (another name of the moon)
guǎng hán 广寒	Guanghan Palace where Chang'e lives (another name of the moon)
chán juān 婵娟	Chanjuan, a pretty and lovely woman (another name of the moon)
duān wǔ jié 端午节	Duanwu Festival, also known as Dragon Boat Festival (a traditional holiday which occurs on the fifth day of the fifth month of the lunar calendar on which the Chinese calendar is based)
zòng zǐ 粽子	zongzi (a pyramid-shaped dumpling made of glutinous rice wrapped in bamboo or reed leaves)
yuán xiāo jié 元宵节	the Lantern Festival which is on January 15 on the lunar calendar
tāng yuán 汤圆	tangyuan (small round dumplings made from glutinous rice, typically filled with sweet ingredients like sesame paste, red bean paste, or peanut butter.)
gōng bǐng 宫饼	cakes for the imperial palace

续　表

sū dōng pō 苏东坡	Su Dongpo, or Su Shi (1037—1101), a famous poet of Song Dynasty
tú àn 图案	design, pattern
nèi xiàn 内馅	filling
mú zi 模子	mold
cháng é bēn yuè 嫦娥奔月	Chang-er's flying to the moon
shí èr shēng xiào 十二生肖	the Chinese Zodiac
qí fú nà xiáng 祈福纳祥	pray for happiness and fortune
wǔ rén yuè bǐng 五仁月饼	wuren (five-nut) moon cakes (five nuts: sesame, peanuts, walnuts, almonds, and melon seeds / sunflower seeds)
lián róng yuè bǐng 莲蓉月饼	lotus-seed-paste moon cake
dòu shā 豆沙	red bean paste
dàn huáng 蛋黄	egg yolk
shān hǎi jīng 《山海经》	*The Classic of Mountains and Seas* or *Shan Hai Jing*, formerly romanized as the *Shan-hai Ching* (a Chinese classic text and a compilation of mythic geography and myth)

续 表

chǔ cí 《楚辞》	*Chu Ci* (also known as *Verses of Chu*, *Songs of Chu* or *Songs of the South*), an anthology of Chinese poetry traditionally attributed mainly to Qu Yuan and Song Yu from the Warring States period
huái nán zǐ 《淮南子》	*The Huainanzi*
wú gāng fá guì 吴刚伐桂	Wu Gang chopping the laurel tree
yù tù dǎo yào 玉兔捣药	jade hare making heavenly medicine
shè rì yīng xióng hòu yì 射日英雄后羿	Hou Yi, the Sun-shooter
qiáo fū 樵夫	woodcutter
zuì xīn 醉心	be absorbed in
xiān dào 仙道	magic arts
dǎo zhì 捣制	make
hàn niú chōng dòng 汗牛充栋	an immense number of
xiǎo shí bù shí yuè, hū 小时不识月，呼 zuò bái yù pán 作白玉盘	In childhood, I knew not the moon, and called it a white jade plate.
gòu sī qí bá 构思奇拔	imaginative in conception

续　表

dú pì xī jìng 独辟蹊径	develop a new style of one's own
chū chén 出尘	transcend the worldly
rù shì 入世	enter society
kuàng dá 旷达	broadmindedness
mù lán huā màn 《木兰花慢》	*Lyrics to the Magnolia Adagio* (the name of the tune to which the ci poem is composed)
qiān gǔ jué chàng 千古绝唱	the acme of perfection
kōng hàn màn 空汗漫	nothing in the vast universe
yù diàn qióng lóu 玉殿琼楼	a jade palace on the moon
wú yàng 无恙	be safe and sound
yún hé 云何	why

一、文化要点梳理

1. 中秋节必不可少的食品是＿＿＿＿＿＿。
   A. 饺子　　　B. 粽子　　　C. 汤圆　　　D. 月饼
2. 在品尝月饼的同时，人们还常常配上＿＿＿＿＿＿。
   A. 白酒　　　B. 汤　　　　C. 茶　　　　D. 葡萄酒
3. 下面哪个不是关于月亮的神话传说？
   A. 后羿射日　　　　　　B. 嫦娥奔月
   C. 吴刚伐桂　　　　　　D. 玉兔捣药
4. "明月几时有？把酒问青天"是谁写的？
   A. 李白　　　B. 苏轼　　　C. 辛弃疾　　D. 周密
5. 月亮有很多别称，你知道哪些呢？

二、情景模拟表演

1. 请根据课文内容创设一个情景，和同学一起进行对话表演。
2. 请把你的国家的相似事物或情境分享给同学们，可以表演，也可以讲述。

第六课　欢度国庆

10月1日是中华人民共和国的国庆节。这一天举国上下都要举行文艺表演、诗歌朗诵等高雅庄重的庆典活动以庆祝新中国的成立。

全国性的庆典活动在中国有悠久的历史,但是其性质已从庆祝帝王的生日改变为人民庆祝自己祖国的生日。

国庆渊源

"国庆"一词,本指国家喜庆之事,最早见于西晋(265—317年)文学家陆机的《五等诸侯论》一文中。中国封建时期,国家喜庆的大事,莫过于帝王的登基、诞辰等,因此古代把皇帝即位、诞辰称为"国庆"。国庆之日,帝王会大赦天下,出台免租免税等政策,以示与民同乐。

唐玄宗李隆基(685—762年)是第一位将自己的生日八月初五作为国家法定节假日的皇帝,此节称为"千秋节",规定每逢此日,朝野同欢,"天下诸州咸令宴乐,休假三日"。

开元十七年(729)八月初五,唐玄宗、杨贵妃在花萼楼前举行盛大的宴会和乐舞表演,庆祝第一个"千秋节"。庆祝仪式还有舞马、旱船、走索、杂技等丰富多彩的活动,场面非常壮观。以后历代帝王多有效仿,相沿成习。

现在的"国庆",特指中华人民共和国正式宣告成立的那一天——10月1日,这是一个具有划时代意义的节日。

国庆节作为国家的法定节日,不仅是老百姓的节日,更延续了中华民族期盼和平富强、国泰民安、丰收祥和的民族精神。

张灯结彩

相对于春节来说,国庆节没有太多喧嚣的烟花爆竹声。随着人们环保意识的增强,从中央政府到个人几乎都不以燃放烟花爆竹作为庆祝的方式了,节日的氛围主要是通过张灯结彩的方式烘托的。每逢国庆佳节,各单位、部门、学校和住宅小区里都会挂上红灯笼,插上彩旗,系上彩绸,贴上标语以庆祝国庆。城市的广场上则摆放着鲜花和盆景等,以营造欢乐喜庆的氛围。公交车前窗上方也会贴上一对小型国旗。

白天最令人瞩目的当属广场上摆放的鲜花和盆景。这些鲜花和盆景的摆放很有讲究,形成独特的造型,体现国庆的主题。

常见的造型有大红灯笼、国旗、国徽等,还有的造型是"欢度国庆""祖国万岁"或表示国庆周年的数字,传统的龙、凤、孔雀、花瓶等象征吉祥如意的造型也随处可见。

晚上最吸引人们眼球的自然是挂在树上、旗杆上、大门上和大型建筑物上的节日彩灯。彩灯中,稳重大气的大红灯笼自然是主角,成串的小红灯笼增加了活泼可爱的情趣。这些灯笼一般是由白炽灯代替蜡烛照亮的。

此外,大型建筑立面、轮廓经霓虹灯和现代节能的LED灯装饰后,显示出梦幻般的奇特效果,将城市的夜晚变得无比美丽,人们的爱国之情油然而生。

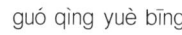 国庆阅兵

"阅兵"这个名称是从汉代以后才开始出现的。在汉代,定期阅兵常与立秋之日"祭兽"一起进行,其中增加一些打斗的内容。以后,各个建朝时间较长的朝代都有类似定期或不定期的阅兵仪式。

中华人民共和国成立时,根据中国人民政治协

商会议的决定,把阅兵列为国庆大典的一项重要内容。国庆阅兵并不是每年或定期举行。按照传统,中国国庆逢五、逢十都会比较隆重,如有阅兵就意味着高规格的庆祝。

1999年10月1日,中华人民共和国迎来了50华诞。恰逢世纪之交,这一年在天安门广场举行的盛大阅兵式被人们称为"世纪大阅兵"。

国庆阅兵可以展示军队现代化、正规化建设的巨大成就和崭新风貌,展示军队维护祖国安全与统一、促进世界和平与发展的强大信心,更是向全世界展现军事力量和民族凝聚力的窗口。

一般而言,阅兵包括两部分:一是阅兵式;二是分列式。

阅兵式部分,中央军委主席作为国家武装力量的最高统帅从受阅部队队列前通过,进行检阅,与受阅部队互致问候"同志们好!""首长好!""同志们辛苦了!""为人民服务!"

分列式部分,受阅部队列队从检阅台前通过,接受检阅。

国庆长假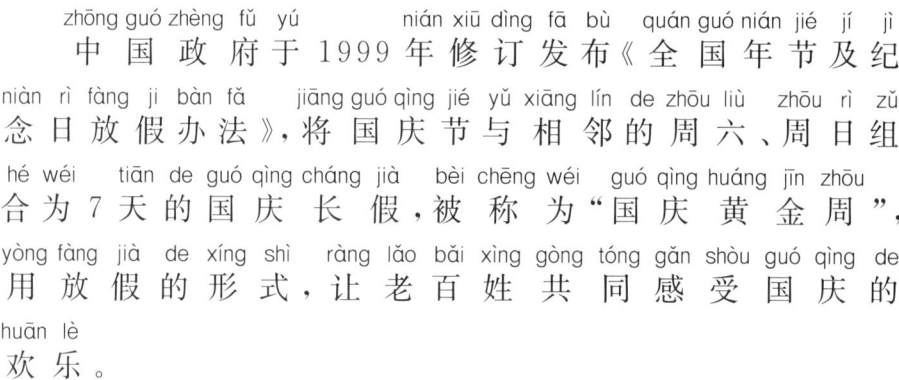

中国政府于1999年修订发布《全国年节及纪念日放假办法》，将国庆节与相邻的周六、周日组合为7天的国庆长假，被称为"国庆黄金周"，用放假的形式，让老百姓共同感受国庆的欢乐。

10月的月初，中国的大江南北都沐浴在爽朗的金秋之中，出去走走看看成为无数中国人的心愿，旅游业由此蓬勃发展。

现代社会的中国人依然深怀传统的家庭观念，行程千里与家人团聚成为黄金周的一件大事。游山玩水则是黄金周的另一件大事。这两件事往往可以同时进行。中国古代的文人都有游山玩水的嗜好。古语"智者乐山，仁者乐水"便是最好的证明。现代散文家朱自清说自己"最爱游山玩水，常常领了一群人到处探奇访胜"。

中国地大物博,有无数自然景观和人文景观,探奇访胜既出自人们的好奇心,又出自人们的爱国之情。

中国文化

词汇学习

wén yì biǎo yǎn 文艺表演	artistic performances
shī gē lǎng sòng 诗歌朗诵	poetry reading
gāo yǎ 高雅	elegant and graceful
zhuāng zhòng 庄重	solemn; serious; grave
qìng diǎn huó dòng 庆典活动	celebrations; celebratory events
dì wáng 帝王	emperor; monarch
yuān yuán 渊源	origin; source
wǔ děng zhū hóu lùn 《五等诸侯论》	*On the System of Five Ranks of Nobility*
fēng jiàn shí qī 封建时期	feudal times
dēng jī 登基	ascend the throne; be enthroned
dàn chén 诞辰	birthday

dà shè 大赦	grant amnesty to
miǎn zū 免租	rent-free
miǎn shuì 免税	tax exemption
táng xuán zōng 唐玄宗	Tang Xuanzong (Emperor of Tang Dynasty)
cháo yě 朝野	the court and the commonalty
wǔ mǎ 舞马	horsemanship
hàn chuán 旱船	land boat dance
zǒu suǒ 走索	rope-dancing
zá jì 杂技	acrobatic show
xiào fǎng 效仿	imitate; follow the example of
xiāng yán chéng xí 相沿成习	become a custom through long usage
guó tài mín ān 国泰民安	the country is prosperous and the people are at peace
zhāng dēng jié cǎi 张灯结彩	decorated with lanterns and festoons

续 表

xuān xiāo 喧 嚣	clamor; hullabaloo
pén jǐng 盆 景	potted landscape
zào xíng 造 型	model; mould
guó qí 国 旗	national flag
guó huī 国 徽	national emblem
lóng 龙	loong (Chinese dragon, a mythical creature, benevolent and powerful, bringer of good fortune)
fèng 凤	phoenix
kǒng què 孔 雀	peacock
jí xiáng rú yì 吉 祥 如 意	be as lucky as desired; good fortune as one wishes
cǎi dēng 彩 灯	colored lantern or lamp
wěn zhòng dà qì 稳 重 大 气	steady and grand
zhǔ jué 主 角	a leading role (character)
yuè bīng 阅 兵	military parade

续　表

jì shòu 祭兽	offerings of beasts
níng jù lì 凝聚力	cohesive force
fēn liè shì 分列式	the parade march
jiǎn yuè tái 检阅台	the parade platform
guó qìng huáng jīn zhōu 国庆黄金周	National Day Golden Week
mù yù 沐浴	bathe; immerse
shì hào 嗜好	hobby; addiction
zhì zhě yào shān, rén zhě yào shuǐ 智者乐山，仁者乐水	The wise love mountains, and the benevolent love water.

一、文化要点梳理

1. "国庆"一词,本指_____之事,最早见于西晋文学家陆机的《五等诸侯论》一文中。
2. _____是第一位将自己的生日八月初五作为国家法定节假日的皇帝,此节称为"千秋节"。
3. 现在的"国庆",就是特指_____正式宣告成立的那一天——10月1日,这是一个具有划时代意义的节日。
4. 国庆节的氛围主要是通过_____的方式烘托的。
5. 哪位古人用"智者乐水,仁者乐山"说明了中国古代的文人都有游山玩水的嗜好?

二、情景模拟表演

1. 请根据课文内容创设一个情景,和同学一起进行对话表演。
2. 请把你的国家的相似事物或情境分享给同学们,可以表演,也可以讲述。

三、
名肴佳酿篇
míng yáo jiā niàng piān

民以食为天。任何一个国家和民族都有自己传统的饮食文化。中国的饮食文化以其悠久的历史、独特的风味、考究的烹饪方式而闻名于世。中国幅员辽阔,自然条件千差万别,各地有名的菜肴、小吃以及茶、酒等饮品不胜枚举。本篇从八大菜系、风味小吃、说茶道酒等方面介绍中国比较典型的菜肴、小吃和丰富的茶文化与酒文化。

第七课　八大菜系

菜系,也称"帮菜",是指在选料、切配、烹饪等技艺方面,经长期演变而自成体系,具有鲜明的地方风味特色,并为社会所公认的中国饮食的菜肴流派。鲁菜、淮扬菜、粤菜、川菜、浙菜、闽菜、湘菜、徽菜被公认为是中国汉族饮食文化中的"八大菜系"。本课主要介绍其中的鲁菜、淮扬菜、粤菜、川菜四大菜系,以及上海本帮菜和福建客家菜这两个各具特色的流派。

鲁菜

鲁菜是指山东地区的菜肴。山东是中国儒家文化的发祥地,孔子的"食不厌精,脍不厌细"对鲁菜的发展有着深刻的影响。鲁菜由济南菜、胶东菜、孔府菜三种风味组成。济南菜以清香、脆嫩、味厚而纯正著称,特别精于制汤,清浊分明,堪称一绝;胶东菜精于海味,善做海鲜,且少用佐料提味;孔府菜做工精细,烹调技法全面,尤以烧、炒、煨、炸、扒见长,而且制作过程复杂。鲁菜的代表菜有:糖醋鲤鱼、百花大虾、蟹黄海参、德州扒鸡、八仙过海闹罗汉等。

八仙过海闹罗汉属于孔府菜。原料多样,汤汁浓鲜,色泽美观,形如八仙与罗汉。其作为孔府喜寿宴的第一道菜,选用鱼翅、海参、鲍鱼、鱼骨、鱼肚、虾、芦笋、火腿为"八仙";将鸡脯肉剁成泥,在碗底做成罗汉钱状,称为"罗汉"。

淮扬菜

淮扬菜即江苏地方风味菜。淮扬菜用料广泛,以江河湖海水鲜为主;刀工精细,烹调方法多样,擅长炖、焖、煨、焐;追求本味,清鲜平和;菜品风格雅丽,形质均美。淮扬菜的代表菜有:文思豆腐、清炖狮子头、金陵盐水鸭、松鼠鳜鱼、霸王别姬等。

霸王别姬原名"龙凤烩"。相传这道菜是项羽的虞姬娘娘为项羽称霸举行盛典"龙凤宴"而设计的。其主要原料是鳖和鸡,鳖又被称为王八,指霸王;鸡与姬谐音,指虞姬。霸王别姬这道菜名让人们想起楚霸王英雄末路,虞姬自刎殉情这个感天动地的爱情故事。

粤菜

粤菜即广东地方风味菜。粤菜选料广博奇异,品种花样繁多,其中最有名的莫过于用各种药材煲的汤,具有清火、排毒、滋补作用。粤菜讲求色、香、味、型,且以味鲜为主体。粤菜的代表菜有:脆皮烤乳猪、蚝油鸭掌、蜜汁叉烧、潮州烧鹅、护国菜等。

护国菜是一道广东潮汕特色菜式。相传在公元1278年,宋朝最后一位皇帝赵昺逃到潮州,寄宿在一座深山古庙里。庙中僧人听说是宋朝的皇帝,对他十分恭敬,看到他一路上疲劳饥饿,便在自己的一块番薯地里采摘了一些新鲜的番薯叶,去掉苦叶后制成汤菜。皇帝看到庙中僧人为了保护自己、保护宋朝,在无米无菜之际设法为他制作了这碗汤菜,十分感动,于是就赐名此菜为"护国菜",一直延传至今。

川菜

川菜即四川地区的菜肴,源于被誉为"天府之国"的四川,川菜在国际上享有"食在中国,味在四川"的美誉。川菜在"味"上下功夫,主要有麻、辣、咸、甜、酸、苦、香7种味道,有"一菜一格,百菜百味"的称誉。川菜代表菜有:鱼香肉丝、回锅肉、毛肚火锅、宫保鸡丁、麻婆豆腐等。

麻婆豆腐的材料主要有豆腐、牛肉碎、辣椒和花椒等。"麻"来自花椒,"辣"来自辣椒,这道菜突出了川菜"麻辣"的特点。此菜大约在清代同治初年(1874年以后),由成都市北郊万福桥一家名为"陈兴盛饭铺"的老板娘陈刘氏所创。因为陈刘氏脸上有麻点,人称陈麻婆,她发明的烧豆腐就被称为"麻婆豆腐"。

上海本帮菜

上海菜又被称为本帮菜,是江南地区传统饮食文化的一个重要流派。"本帮"就是"本地"的意思。上海本帮菜的特点是浓油赤酱、醇厚鲜美,注重原汁原味,讲究火候和调味的精准把握。上海本帮菜的代表菜品有红烧肉、清炒虾仁、生煸鳝糊等。这些菜品不仅口感丰富,更承载着上海的历史与文化。

福建客家菜

客家菜如同客家语一样古老,作为中华饮食文化的重要组成部分,是中原汉族迁徙至南方定居下来后创造的一种饮食文化。福建客家菜是客家菜的两大派系之一,主要流行于福建龙岩、长汀、连城、永定等地。福建客家菜用料讲究鲜嫩、自然、粗种;加工讲究煮、煲、炖,不破坏食物营养与纤维;烹调讲究原汁原味;膳食讲究搭配和效用,多用药材调理阴阳,清降补泻,并根据时令增减食物品种。代表菜品有:盐焗鸡、梅菜扣肉、酿豆腐等。

今天,鲁菜、淮扬菜、粤菜、川菜、上海本帮菜、福建客家菜等都已不再局限于本地,中国各大城市都可以看到不同菜系的餐馆以自己独特的方式招徕客人。在异地他乡品尝到家乡的美食是一种幸福。

三、名肴佳酿篇

词汇学习

cài xì 菜系	cuisine
xuǎn liào 选料	selection of ingredients
qiē pèi 切配	cutting and combining ingredients
pēng rèn 烹饪	cooking
lǔ cài 鲁菜	Shandong cuisine
huái yáng cài 淮扬菜	Huaiyang cuisine
yuè cài 粤菜	Guangdong cuisine
chuān cài 川菜	Sichuan cuisine
shí bù yàn jīng 食不厌精	One does not object to the finest food.
kuài bù yàn xì 脍不厌细	The finer the slices, the more delicious the meat.
qīng xiāng 清香	fresh

续　表

cuì nèn 脆嫩	crisp and tender
wèi hòu 味厚	tasty
qīng zhuó fēn míng 清浊分明	(of soup) either clear or thick
kān chēng yì jué 堪称一绝	superb
shāo 烧	cook
chǎo 炒	stir-fry
wēi 煨	cook over a slow fire
zhà 炸	fry
bā 扒	braise
táng cù lǐ yú 糖醋鲤鱼	fried carp with sweet and sour sauce
bǎi huā dà xiā 百花大虾	cooked prawns arranged in a shape of a flower
xiè huáng hǎi shēn 蟹黄海参	crab roe and sea cucumber
dé zhōu pá jī 德州扒鸡	Dezhou braised chicken

续　表

bā xiān guò hǎi nào luó hàn 八仙过海闹罗汉	eight immortals crossing the sea on a plate which forms like an arhat coin (a dish name)
yú chì 鱼翅	shark's fin
bào yú 鲍鱼	abalone
yú dǔ 鱼肚	fish maw
lú sǔn 芦笋	asparagus
wǔ huǒ 武火	intense heat in cooking
zhǔ 煮	boil
wén huǒ 文火	slow fire
mèn 焖	simmer in a covered pot over a slow fire
dùn 炖	stew
wù 焐	keep sth warm in the pot
běn wèi 本味	natural flavor
qīng xiān píng hé 清鲜平和	fresh and mild

续 表

wén sī dòu fu 文思豆腐	finely-sliced tofu (bean curd)
qīng dùn shī zi tóu 清炖狮子头	stewed meat balls
jīn líng yán shuǐ yā 金陵盐水鸭	Jinling boiled salted duck
sōng shǔ guì yú 松鼠鳜鱼	squirrel-shaped mandarinfish
bà wáng bié jī 霸王别姬	Farewell to My Concubine (a dish name)
lóng fèng huì 龙凤烩	the meeting of the dragon and the phoenix (a dish name)
lóng fèng yàn 龙凤宴	the feast of the dragon and the phoenix
yīng xióng mò lù 英雄末路	the downfall of a hero
zì wěn xùn qíng 自刎殉情	commit suicide by cutting one's throat for love
bāo 煲	simmer for a long time (usually 2—3 hours)
qīng huǒ 清火	anti-inflammatory
pái dú 排毒	detoxifying
zī bǔ 滋补	nourishing

续　表

sè 色	color
xiāng 香	aroma
wèi 味	taste
xíng 型	shape
kǎo rǔ zhū 烤乳猪	roast suckling pig
háo yóu yā zhǎng 蚝油鸭掌	duck web in oyster sauce
mì zhī chā shāo 蜜汁叉烧	honey-stewed barbecued pork
cháo zhōu shāo é 潮州烧鹅	Chaozhou roasted goose
hù guó cài 护国菜	huguo cai (imperial survival stew)
fān shǔ 番薯	sweet potato
tiān fǔ zhī guó 天府之国	the land of abundance
shí zài zhōng guó, wèi zài sì chuān 食在中国，味在四川	China has the best food in the world, and Sichuan has the best dish in China.
má 麻	numbing

续 表

là 辣	spicy
xián 咸	salty
tián 甜	sweet
suān 酸	sour
kǔ 苦	bitter
xiāng 香	aroma
yí cài yì gé, bǎi cài 一菜一格，百菜 bǎi wèi 百味	The style and flavor vary from dish to dish.
yú xiāng ròu sī 鱼香肉丝	fish-flavored pork shreds
huí guō ròu 回锅肉	twice cooked pork slices
máo dù huǒ guō 毛肚火锅	ox tripe hotpot
gōng bǎo jī dīng 宫保鸡丁	spicy diced chicken with peanuts
má pó dòu fu 麻婆豆腐	Mapo Tofu (pockmarked woman's bean curd)
niú ròu suì 牛肉碎	ground beef

续 表

huā jiāo 花 椒	Chinese prickly ash seeds
là jiāo 辣 椒	pepper
lǎo bǎn niáng 老 板 娘	the proprietress of a restaurant
má diǎn 麻 点	pockmark

一、文化要点梳理

1. 八大菜系指哪些菜系?
2. 下面哪道菜不是粤菜?
   A. 护国菜　　　　　　　　B. 潮州烧鹅
   C. 八仙过海闹罗汉　　　　D. 蜜汁叉烧
3. 川菜最主要的特点是什么?
4. 用一个词来形容上海本帮菜,那就是_____。
5. 福建客家菜主要流行于_____、长汀、连城、_____等地。

二、情景模拟表演

1. 请根据课文内容创设一个情景,和同学一起进行对话表演。
2. 请把你的国家的相似事物或情境分享给同学们,可以表演,也可以讲述。

第八课　风味小吃

风味小吃指地方特色小吃。小吃不是正餐，而是早点、夜宵、茶点的主要食品和宴席间的点缀。中国各地的小吃可谓五花八门，取材遍及粮食、果蔬、肉蛋、奶，口味酸甜苦辣冷热俱全。小吃分量少，价格低，一般人都能买来品尝一下。人们吃小吃不仅能解馋、充饥、消遣、娱乐，更能了解地方风情或化解自己的思乡之情。大饼、油条、豆浆是大江南北的中国人都熟悉的早点，小笼包、馄饨和虾饺是人见人爱的小吃，过桥米线和兰州牛肉面遍及中华大地。

大饼、油条、豆浆

大饼、油条、豆浆都是中国传统早点。油条和豆浆在各地都是相似的,而大饼却不同。上海人所说的大饼并不大,其形状和大小类似于北方的烧饼,口味有甜咸两种。为了便于区分,甜大饼往往做成圆形,咸大饼做成长圆或长方形,上面还撒些葱花。上海人喜欢用大饼包着油条吃,又脆又酥,脆的是油条,酥的是大饼,油而不腻,嚼味纯厚。

油条有一根筷子长,并且总是两根在一起,因为单根油条在油锅中全部接触热油,瞬间表面就硬化了,无法炸得蓬松香脆。两条面块上下叠好,用竹筷在中间压一下,两头捏好,入油锅后,热油不能接触到两条面块的结合部,两边可不断膨胀,油条就愈来愈蓬松。

豆浆有甜浆、咸浆之分。甜浆加白砂糖,而咸浆不是简单地加点盐。咸浆要先在碗里放入油条小片、榨菜丝、虾皮、葱花和紫菜,加鲜酱油和醋,随后冲入滚烫的豆浆,再加上几滴辣油才成。

小笼包、馄饨和虾饺

小笼包是发源于江南地区的传统小吃,流行于上海、常州、无锡、杭州、南京等许多地方,并在各地形成了各自的特色。江南地区有不少以小笼包为特色的百年老店。上海的小笼包以南翔小笼包最为有名,上海人称之为南翔小笼馒头。南翔小笼包是上海嘉定区南翔镇的传统名小吃,已有100多年历史。南翔小笼包以"皮薄、馅大、汁多、形美"著称,是上海市首批非物质文化遗产之一。小笼包的精髓是内部鲜美的汁水。吃小笼包时应先在底边上咬破一小口,吮吸两口汁水,然后将小笼包入口咀嚼品味,这样不仅可尽享美味,还可以防止汁水溢出弄脏衣物,这种技巧可总结为"一口开天窗,二口喝汤,三口吃光"。

馄饨用面皮包肉馅制成,古代中国人认为这样包住的食物没有七窍,所以称为"浑沌",依据中国造字的规则,后来才写成"馄饨"。馄饨与饺子开始并无区别,到唐朝,馄饨和饺子才有了区别。千百年来饺子并无明显改变,但馄饨却在南方发扬光大,有了独立的风格。"欣见馄饨担,且闻馄饨香"描述的是江南人的馄饨情结。南方人细腻聪慧的性格表现在馄饨上:

外形精巧，薄皮小馅。煮馄饨要"三沉三浮"，即馄饨入锅煮沸后，加少许凉水，再煮沸，反复三次。煮熟的馄饨呈透明状，连汤盛入放有葱花、胡椒、盐、味精的碗中，再滴少许香油，美味无比。馄饨名号繁多，江浙等大多数地方称馄饨，而广东称云吞，四川称抄手。

虾饺是广东茶楼、酒家的传统美点，也是广东人喝早茶时常点的点心之一。上乘的虾饺，皮白如冰，薄如纸，半透明，肉馅隐约可见，吃起来爽滑清鲜，美味诱人。每只虾饺包着一至两只虾为主馅，份量大小多以一口为限。传统的虾饺是半月形、蜘蛛肚，共有十二褶，馅料有虾、肉、笋，外表如一只袖珍饺子。虾饺仅仅是外形似饺子，饺皮却跟北方饺子有天壤之别。北方饺子的基础原料是面粉，虾饺用的是澄面。澄面是把小麦面粉中的面筋（蛋白质）洗去后，余下来的淀粉。澄面做的虾饺皮有个显著的优点，就是皮薄透明而不黏口。虾饺通常是由人工包折，还要现做现卖。

过桥米线和兰州牛肉面

过桥米线和兰州牛肉面看上去有些相似,都是线状的,又都有汤,但这两种食物是用完全不同的粮食制成的。米线用大米,牛肉面用面粉。

过桥米线是云南滇南地区特有的小吃,起源于蒙自地区,已有百年的历史。米线是选用优质大米经过发酵、磨浆、澄滤、蒸粉、挤压、煮制等工序而制成的。米线细长、洁白、柔韧,吃法多样。过桥米线以其制汤考究,吃法特异,滋味鲜甜清香、咸淡相宜而成为云南特有风味小吃。吃米线,先用大汤碗盛鸡、猪骨熬成的厚油浓汤,然后将切薄的肉片、鱿鱼片等放入汤内,用筷子轻轻搅动,使之烫熟,再放入豌豆尖、韭菜、豆腐皮等,最后放入米线。此吃法据说是一位为丈夫送饭的妻子发明的,她每天要走很远的路给丈夫送饭,而且必然经过一座桥。一个偶然的机会,她发现鸡汤上的厚油有保温作用,就想出一个让丈夫吃到热饭的好办法:用热鸡汤烫熟配料,再加入米线。此事被传为美谈,人们为了赞誉这位贤能的妻子,便将这种食品取名"过桥米线"。

兰州牛肉面,味美可口,经济实惠,不仅在兰州比比皆是,而且在全国各省乃至世界许多国家和地区都有兰州牛肉面馆。兰州本地人一般称兰州牛肉面为"牛肉面"。牛肉面的面条一定要用拉面。拉面是一手绝活,观看拉面好像是欣赏杂技表演。拉面师傅手握面团两端,两臂均匀用力加速向外抻拉,然后两头对折,两头同时放在一只手的指缝内(一般用左手),另一只手的中指朝下勾住另一端,手心上翻,使面条形成绞索状,同时两手往两边抻拉。如此反复直到拉出粗细均匀的细长面条。光滑筋道的面条在锅里稍煮一下即捞出,柔韧不黏。有句顺口溜形容往锅里下面:"拉面好似一盘线,下到锅里悠悠转,捞到碗里菊花瓣。"当面煮熟后捞出,加入清澈的牛肉老汤,撒上牛肉片、香菜、葱花,浇上辣椒油,一碗香喷喷的牛肉面就完成了。

shā xiàn xiǎo chī
沙县小吃

zài zhōng guó de dà jiē xiǎo xiàng suí chù kě jiàn shā xiàn xiǎo chī de xiǎo mén
在中国的大街小巷，随处可见“沙县小吃”的小门
diàn jìn rù xiǎo xiǎo de mén diàn huì fā xiàn fēi cháng fēng fù de xiǎo chī cài dān
店，进入小小的门店，会发现非常丰富的小吃菜单，
lìng rén jīng yà shā xiàn xiǎo chī shì yuán zì fú jiàn shěng sān míng shì shā xiàn de dì
令人惊讶。沙县小吃是源自福建省三明市沙县的地
fāng měi shí yǐ wèi dào xiān měi jīng jì shí huì ér fēng mí quán guó zǒu xiàng shì
方美食，以味道鲜美、经济实惠而风靡全国，走向世
jiè shā xiàn xiǎo chī zhì zuò jì yì xīng yú táng sòng shèng yú míng qīng jì chéng
界。沙县小吃制作技艺兴于唐宋，盛于明清，继承
le lái zì zhōng yuán huáng hé liú yù de yǐn shí wén huà chuán tǒng yòu róng hé le
了来自中原黄河流域的饮食文化传统，又融合了
mǐn yuè de dào zuò wén huà zhēng zhǔ zhà kǎo yān děng gè lèi jì yì shǒu fǎ liú
闽越的稻作文化，蒸、煮、炸、烤、腌等各类技艺手法流
chuán zhì jīn bèi chēng wéi zhōng huá mín zú chuán tǒng yǐn shí de huó huà shí shā
传至今，被称为中华民族传统饮食的“活化石”。沙
xiàn xiǎo chī de sì dà bì diǎn měi wèi shì biǎn ròu bàn miàn zhēng jiǎo yǔ dùn guàn
县小吃的四大必点美味是扁肉、拌面、蒸饺与炖罐，
cǐ wài shā xiàn bǎn yā jiǔ niàng dòu fu shāo mài ròu bao mǐ dòng xǐ guǒ děng
此外沙县板鸭、酒酿、豆腐、烧卖、肉包、米冻、喜果等
dōu zhí dé yì pǐn
都值得一品。

fēng wèi xiǎo chī néng bǎi nián chuán chéng kào de shì jīng xīn zhì zuò tè shū pèi
风味小吃能百年传承，靠的是精心制作、特殊配
fāng hé jué miào shǒu yì fēng wèi xiǎo chī suī rán míng wéi xiǎo chī què yǐ zhuā zhù
方和绝妙手艺。风味小吃虽然名为小吃，却以抓住
dà zhòng de wèi kǒu wéi chéng gōng de biāo zhì bìng qiě wú lùn zǒu dào nǎ li dōu yào
大众的胃口为成功的标志，并且无论走到哪里，都要
bǎo chí zì jǐ dú tè de wèi dao hé zuò fǎ zhè jiù wèi fēng wèi xiǎo chī fù yǔ le
保持自己独特的味道和做法，这就为风味小吃赋予了
shēn chén ér jiǔ yuǎn de wén huà jì yì
深沉而久远的文化记忆。

中国文化

词汇学习

dì fāng tè sè 地方特色	local characteristics
xiǎo chī 小吃	snack
zhèng cān 正餐	dinner
zǎo diǎn 早点	breakfast
yè xiāo 夜宵	night snack
chá diǎn 茶点	tea and pastries
diǎn zhuì 点缀	interspersion
wǔ huā bā mén 五花八门	diverse
suān tián kǔ là 酸甜苦辣	sour, sweet, bitter and spicy
jiě chán 解馋	satisfy a craving for good food; satisfy an appetite for good food
chōng jī 充饥	appease one's hunger

三、名肴佳酿篇

续　表

dà bǐng 大　饼	flatbread
yóu tiáo 油　条	fried dough sticks
dòu jiāng 豆　浆	soya-bean milk
xiǎo lóng bāo 小　笼　包	xiaolongbao (Shanghai soup dumplings)
hún tun 馄　饨	wonton (a kind of stuffed dumpling served in soup)
xiā jiǎo 虾　饺	steamed shrimp dumplings
guò qiáo mǐ xiàn 过　桥　米　线	crossing bridge rice noodles
lán zhōu niú ròu miàn 兰　州　牛　肉　面	Lanzhou noodles
cōng huā 葱　花	chopped chive
péng sōng 蓬　松	fluffy
tián jiāng 甜　浆	sweet soya-bean milk
xián jiāng 咸　浆	salty soya-bean milk
zhà cài sī 榨　菜　丝	pickled tuber mustard
xiā pí 虾　皮	dried small shrimps

续　表

zǐ cài 紫菜	nori seaweed
gǔn tàng 滚烫	boiling hot; burning hot
jīng suǐ 精髓	quintessence; marrow; pith
qī qiào 七窍	the seven apertures in the human head, i.e. eyes, ears, nostrils and mouth
qíng jié 情结	complex
xì nì 细腻	delicate
sān chén sān fú 三沉三浮	three ups and three downs
yún tūn 云吞	yuntun (another name of wonton)
chāo shǒu 抄手	chaoshou (another name of wonton)
shàng chéng de 上乘的	of the finest quality
nián kǒu 黏口	sticky; glutinous
fā jiào 发酵	ferment
mó jiāng 磨浆	grind into thick liquid
dèng lǜ 澄滤	filtrate

续 表

zhēng fěn 蒸 粉	steam the rice powder
jǐ yā 挤压	squeeze
zhǔ zhì 煮制	boil
jué huó 绝活	a unique technique
duì zhé 对折	fold
guāng huá 光 滑	smooth
jīn dao 筋道	al dente; chewy

中国文化

一、文化要点梳理

1. 小吃不是正餐，而是早点、_____、茶点的主要食品和宴席的点缀。
2. 中国传统的早点是_____。
3. _____以"皮薄、馅大、汁多、形美"著称，是上海市首批非物质文化遗产之一。
4. 馄饨名号繁多，江浙等大多数地方称馄饨，而广东则称_____，四川称_____。
5. 四大必点的沙县小吃是_____、_____、_____、_____。

二、情景模拟表演

1. 请根据课文内容创设一个情景，和同学一起进行对话表演。
2. 请把你的国家的相似事物或情境分享给同学们，可以表演，也可以讲述。

第九课　说茶道酒

茶和酒在中国人的生活中具有深厚的文化渊源。喝茶是常事，而饮酒则要看场合。喝茶、饮酒都有很多讲究，这些讲究构成了中国独特的茶文化和酒文化。

说茶

茶的原产地在中国。

中国人对茶的熟悉，上至帝王将相、文人墨客，下至平民百姓，无不以茶为好。一杯清茶，极其随和也极其平常，可登大雅之堂而不娇淫，亦可入茅棚草舍而无卑贱。

中国文化中，客来敬茶，以茶示礼。

泡茶用开水，但水温以95℃为宜，多为先放茶叶，后加入热水。为客人斟茶通常只斟七分满，留下的三分是情谊——这是中国茶文化的特殊含义。

茶水一般以第二道为最好，正如台湾女作家三毛所说："人生有如三道茶，第一道苦如生命，第二道甜似爱情，第三道淡如微风。"与客人品茶时，大家会说道茶的新旧、茶的种类和品质，甚至展示茶艺。

苏轼在《望江南》中写道："休对故人思故国，且将新火试新茶，诗酒趁年华。"这里的新茶指清明之后谷雨之前采摘的"雨前茶"，是茶树刚长出的嫩芽，为绿茶中的精品。

茶按照加工工艺的不同分为绿茶、红茶、黑茶、青茶等。

绿茶是将茶树新叶或芽直接烘干制作而成，信阳毛尖、黄山毛峰、西湖龙井、碧螺春是上好的绿茶。

红茶以茶树的芽叶为主要原料，经过萎凋、揉捻、发酵、干燥等工艺过程精制而成，祁门红茶最为

三、名肴佳酿篇

有名。

黑茶选用较粗老的茶树叶,经过杀青、揉捻、发酵和干燥四道工序变成黑色,茯茶和普洱茶是典型的黑茶。

青茶是经过杀青、萎凋、摇青、半发酵、烘焙等工序制成的茶,铁观音、乌龙、大红袍等极其有名。红茶和黑茶可加糖(或盐)和牛奶,制成奶茶。

最早喜好饮茶的多是文人雅士。

在中国文学史上,汉朝的司马相如在《凡将篇》中从药用角度谈到茶。唐代文人们以茶会友、以茶传道、以茶兴艺,使茶饮在文人生活中的地位大大提高,使茶饮的文化内涵更加深厚。这些茶诗的形式有古诗、律诗、绝句等,内容包括了名茶、茶人、煎茶、饮茶、茶具、采茶、制茶等各个方面。白居易晚年辞去官职后写下七言律诗《琴茶》,用"琴里知闻唯渌水,茶中故旧是蒙山"来表达赋闲后弹琴喝茶的惬意。

品茶讲究茶具。茶具质地各异,其中以宜兴的紫砂茶具、景德镇的瓷茶具最受茶客的喜爱。茶具的造型十

117

分优美,有方形、圆形和扁平形,有南瓜形、梅竹形和各种动物形。能工巧匠给茶具刻上精美的花鸟山水、飞禽走兽,因而茶具就成了一件值得观赏的艺术品。

道酒

茶在中国人的日常生活中随处可见,而酒的出现则暗示着特殊的场合和心情。

在古代,酒主要用于祭祀、会盟、祝捷等公务活动,还用于民间的喜丧礼仪、欢聚迎送等场合。

至今中国人还把参加婚礼叫作"喝喜酒",小孩满月的酒席叫"满月酒",给老人祝寿的酒宴叫"寿酒"。

中国的酒绝大多数是用粮食酿制而成的。三千多年前就有了黄酒。到宋代则有了白酒。白酒和黄酒是中国最主要的两种酒类。

黄酒颜色黄亮,酒精度低。白酒是以谷物为原料的蒸馏酒,无色透明,酒精度较高,又被称为"烧酒"。相传杜康善于造酒,更有说他是酒的发明者,因此后世将杜康尊为酒神,造酒业则奉杜康为祖师爷。曹操的《短歌行》中有"何以解忧,唯有杜康",后来杜康就成了酒的代名词。

中国的名酒非常多。白酒有贵州的茅台,四川的五粮液、泸州老窖,山西的汾酒,陕西的西凤酒,安徽的古井贡酒,台湾的金门高粱,北京的莲花白、二锅头。黄酒有浙江的女儿红、花雕等。

中国人在饭前喝酒,先就着花生、黄瓜、腌萝卜、牛肉等冷盘喝,再随热菜一道道上来,边吃菜边喝酒,最后干杯。干杯后,不再饮酒,而吃一些米饭或点心。中国人倒茶、倒酒也有讲究,浅茶满酒,茶沏半碗是"敬",酒斟满杯是"礼"。"非酒无以为礼",中国人的好客,在酒席上发挥得淋漓尽致。人与人的感情交流往往在敬酒时得到升华。请客人多喝酒,主人要劝酒,让主人多喝酒,客人要敬酒。唐朝诗人王维在《送元二使安西》中的诗句"劝君更尽一杯酒,西出阳关无故人"被认为是最真诚的劝酒语。

中国人饮酒,不是为了饮酒而饮酒,更多地是为了精神生活,讲究"酒礼""酒德",讲究天、地、人的合一,注重饮酒的情趣,在饮酒的同时辅之以赋诗作令、猜谜及"曲水流觞""击鼓传花"等游戏活动,把饮酒升华为高级精神活动。

中国的酒文化内容丰富,表现在酿酒工艺、饮酒器具、酒礼酒俗和历代墨客骚人的酒文、酒赋、酒诗、酒词、酒歌、酒曲等上。

不少文人学士写下了品评鉴赏美酒佳酿的著述,留下了斗酒、写诗、作画、养生、宴会、饯行等佳话。杜甫在《饮中八仙歌》中写道:"李白一斗诗百篇,长安市上酒家眠,天子呼来不上船,自称臣是酒中仙。"酒后的李白,情思飘逸,意绪飞扬,酒给了他巨大的创造力。

对于中国人来说,酒可以解放人的精神,抚慰人生。南宋诗人张元干说:"雨后飞花知底数,醉来赢得自由身。"平时为利害得失束缚的心灵在酒酣耳热之际得到超脱和解放。

但是"喝闷酒"或"借酒消愁"则无益于人的身体健康或解决问题。"酒驾"和"醉驾"都要负法律责任。节制有度才是对酒文化的最好传承。

中国文化

词汇学习

yuān yuán 渊源	origin; source
jiǎng jiū 讲究	be fastidious about
shàng zhì　　xià zhì 上至……下至	from ... to
dì wáng jiàng xiàng 帝王将相	monarchs, military generals, and ministers of state
wén rén mò kè 文人墨客	the literati and man of letters
dēng dà yǎ zhī táng 登大雅之堂	presentable; refined; appeal to refined taste
máo péng cǎo shě 茅棚草舍	hut
bēi jiàn 卑贱	mean and low; humble
kè lái jìng chá 客来敬茶	to offer a guest tea
yǐ chá shì lǐ 以茶示礼	serving tea as respect
zhēn chá 斟茶	pour tea

续 表

chá yì 茶艺	tea art; tea ceremony
nián huá 年华	the prime of one's life
qīng míng 清明	Qing Ming Festival; Tomb-Sweeping Day
gǔ yǔ 谷雨	Guyu (the day marking a seasonal division point, usually falling on the 19th, 20th or 21st of April)
jīng pǐn 精品	exquisite articles
jiā gōng gōng yì 加工工艺	processing technology
yá 芽	bud
hōng gān 烘干	drying; baking
xìn yáng máo jiān 信阳毛尖	Xinyang maojian tea
huáng shān máo fēng 黄山毛峰	Huangshan maofeng tea
xī hú lóng jǐng 西湖龙井	Xihu longjing tea
bì luó chūn 碧螺春	Biluochun tea
wěi diāo 萎凋	withering

续　表

róu niǎn 揉 捻	rolling and twisting
fā jiào 发 酵	fermentation
gān zào 干 燥	dry
tiě guān yīn 铁 观 音	Tieguanyin tea
wū lóng 乌 龙	Oolong tea
dà hóng páo 大 红 袍	Dahongpao tea
fú chá 茯 茶	Fu tea, brick tea
pǔ ěr chá 普 洱 茶	Puer tea
shā qīng 杀 青	green removing, deactivation of enzymes
yáo qīng 摇 青	yaoqing (a shaking technique used in the process of tea making)
yǐ chá huì yǒu 以 茶 会 友	meeting friends by means of tea
yǐ chá chuán dào 以 茶 传 道	imparting knowledge by means of tea
yǐ chá xīng yì 以 茶 兴 艺	promoting arts by means of tea

续　表

qī yán lǜ shī 七言律诗	seven-character poems
lù shuǐ 渌水	the name of an ancient melody
méng shān 蒙山	Mengding Mountain
qiè yì 惬意	relaxed
zǐ shā chá jù 紫砂茶具	Yixing clay teapot; Zisha teapot
cí chá jù 瓷茶具	a porcelain teapot
biǎn píng xíng 扁平形	flat-shaped
néng gōng qiǎo jiàng 能工巧匠	skillful craftsman
jì sì 祭祀	sacrifice
huì méng 会盟	the chieftains' gathering
zhù jié 祝捷	celebrate a victory
xǐ sāng lǐ yí 喜丧礼仪	etiquette of happiness and funeral arrangement
huān jù 欢聚	joyful reunion
yíng sòng 迎送	welcoming and seeing-off

续　表

hē xǐ jiǔ 喝喜酒	attend a wedding feast
mǎn yuè jiǔ 满月酒	a baby's one-month-old feast
shòu jiǔ 寿酒	a birthday feast
bái jiǔ 白酒	liquor
huáng jiǔ 黄酒	yellow rice wine
yān luó bo 腌萝卜	pickled radish
lěng pán 冷盘	cold dish
fù shī zuò lìng 赋诗作令	writing and chanting poems
cāi mí 猜谜	a riddle guessing
qū shuǐ liú shāng 曲水流觞	floating wine cups along the winding water
jī gǔ chuán huā 击鼓传花	One is drumming while the others pass round a spray of blossom; pass the parcel
jiǔ lǐ 酒礼	liquor manners; wine rite
jiǔ sú 酒俗	drinking custom
qíng sī piāo yì 情思飘逸	elegant affection

续　表

yì xù 意绪	emotion
lì hài dé shī 利害得失	gains and losses
jiǔ hān 酒酣	drinking to one's heart's content
chāo tuō 超脱	aloofness
hē mèn jiǔ 喝闷酒	drink at the time of loneliness
jiè jiǔ xiāo chóu 借酒消愁	relieve sorrowfulness with alcohol
jiǔ jià 酒驾	drunk driving; drink-driving; DUI (Driving Under the Influence)
zuì jià 醉驾	drunken driving; DWI (Driving while intoxicated)

中国文化

一、文化要点梳理

1. 下面哪种茶不是绿茶?
   A. 铁观音　　　　　　B. 碧螺春
   C. 西湖龙井　　　　　D. 信阳毛尖

2. 茶具有各种质地,其中以宜兴的_____茶具、景德镇的_____茶具最受茶客喜爱。

3. 下面哪种酒不是白酒?
   A. 茅台　　　　　　　B. 五粮液
   C. 女儿红　　　　　　D. 二锅头

4. 中国人把参加婚礼称作"_____",将小孩满月的酒席叫"_____",将给老人祝寿的酒宴叫"_____"。

5. 中国人倒茶、倒酒也有讲究,浅茶满酒,茶砌_____是"敬",酒斟_____是"礼"。

二、情景模拟表演

1. 请根据课文内容创设一个情景,和同学一起进行对话表演。
2. 请把你的国家的相似事物或情境分享给同学们,可以表演,也可以讲述。

四、修身养性篇

中华民族非常重视修身养性。修身使心灵纯洁；养性使本性不受损害。修身养性，是对自己的思维、观念、情操、言行等一系列关乎自身形象的塑造，或者简单地说，是对心的雕琢，是追求心灵高尚的境界。修身养性是个很漫长的过程，需要长时间的修炼。本篇从笔墨纸砚、琴棋书画、梅兰竹菊等方面，展现中国人如何通过书法、绘画、下棋、弹琴、欣赏和培育植物等方式来达到修身养性的目标。

第十课　笔墨纸砚

笔墨纸砚是中国独具特色的文书工具,被誉为"文房四宝"。文房之名,起源于中国的南北朝时期(420—589年)。文房专指文人的书房,笔、墨、纸、砚是文房中缺一不可的文书工具,用于书写和绘画。中国文人向来注重文书工具的品质,浙江湖州(旧为湖州府)的湖笔、歙县(旧为徽州府)的徽墨、安徽泾县(旧属宣城郡)的宣纸、广东肇庆(隋唐时为端州)的端砚被认为是文房四宝的代表。

笔

湖笔的产地在浙江吴兴县善琏镇。湖笔选料讲究,工艺精细,品种繁多。毛笔由笔杆和笔头构成。

笔杆以竹制的较为普遍。竹取材较易，轻便实用，价廉物美。笔杆装饰图案有双龙、双凤、诗词等，寓意吉祥如意。毛笔按常用尺寸可分为：小楷、中楷、大楷等；按笔毛弹性强弱可分为：软毫、硬毫、兼毫等；按用途可分为：写字毛笔、书画毛笔；依形状可分为：圆毫、尖毫等；按笔锋的长短可分为：长锋、中锋、短锋等；按笔头原料可分为：兔毫、羊毫、狼毫等。现在有的作坊可以将小孩的胎毛做成毛笔，作为纪念品。

墨

墨是中国古代书写和绘画用到的墨锭。墨的主要原料是炭黑、松烟、胶等，是碳元素以非晶质形态的存在。通过砚用水研磨可以产生用于书写的墨汁，在水中以胶体溶液的形式存在。徽墨产于徽州地区的屯溪、歙县、绩溪等地，距今已有千年历史。徽墨以古松为基本原料，掺入20多种其他原料精制而成。成品具有色泽黑润、坚而有光、入纸不晕、经久不褪、馨香浓郁及防腐防蛀等特点,宜书宜画。

纸

造纸术为中国古代四大发明之一,宣纸是传统手工纸品最杰出的代表,有千年的历史。宣城本身不生产纸,主要是其周围地区生产。安徽泾县西南方的小岭一带盛产青檀树和水稻,青檀树和水稻杆均为宣纸制造提供了优质原料。宣纸因质地细薄、棉韧、洁白、紧密而著称于世,以耐老化、拉力强及不变色为最大特色,有"千年寿纸"之称。

砚

砚即砚台,是书写、绘画研磨色料的工具。汉代时砚已流行,宋代则已普遍使用,明、清两代砚的品种繁多。端砚诞生于唐代初期的广东肇庆(古称端州)。端砚以石质坚实润滑、细腻娇嫩而驰名于世。用端砚研墨不滞,发墨快,研出之墨汁细滑,书写流畅不损毫，字迹颜色经久不变。好的端砚，无论酷暑严冬，用手按其砚心，水气久久不干，古人有"呵气研墨"之说。

文房四宝不仅具有实用价值，而且它们本身也是融绘画、书法、雕刻、装饰等为一体的艺术品。如今中国人使用的文书工具已经发生了很大的变化，但是很多人依然继承了中国文化的传统，使用笔墨纸砚来进行书写绘画，以陶冶情操。

文房四宝

四、修身养性篇

cí huì xué xí
词 汇 学 习

bǐ 笔	writing brush
mò 墨	ink stick
zhǐ 纸	Chinese art paper
yàn 砚	ink slab
dú jù tè sè 独具特色	unique
wén shū gōng jù 文书工具	stationery
wén fáng sì bǎo 文房四宝	the four treasures of the study
wén rén 文人	man of letters
quē yī bù kě 缺一不可	None is dispensible.
zhù zhòng 注重	attach importance to
pǐn zhì 品质	quality

135

续 表

hú bǐ 湖笔	writing brush produced in Huzhou
xuǎn liào jiǎng jiū 选料讲究	strict material selection
gōng yì jīng xì 工艺精细	elaborate craftsmanship
bǐ gǎn 笔杆	brush holder
bǐ tóu 笔头	brush head
qīng biàn shí yòng 轻便实用	portable and practical
jià lián wù měi 价廉物美	inexpensive but of fine quality
xiǎo kǎi 小楷	small writing brush
zhōng kǎi 中楷	middle writing brush
dà kǎi 大楷	big writing brush
ruǎn háo 软毫	soft hair brush
yìng háo 硬毫	stiff hair brush
jiān háo 兼毫	mixed hair brush
yuán háo 圆毫	round tip of a writing brush

续 表

jiān háo 尖 毫	pointed tip of a writing brush
bǐ fēng 笔 锋	the tip of a writing brush
cháng fēng 长 锋	the long tip of a writing brush
zhōng fēng 中 锋	the middle tip of a writing brush
duǎn fēng 短 锋	the short tip of a writing brush
tù háo 兔 毫	rabbit hair brush
yáng háo 羊 毫	goat hair brush
láng háo 狼 毫	weasel hair brush
tāi máo 胎 毛	keepsake brush made from baby's first cut hair
mò dìng 墨 锭	ink ingot
tàn hēi 炭 黑	carbon black
sōng yān 松 烟	pine soot
jiāo 胶	glue
tàn yuán sù 碳 元 素	carbon element

续 表

fēi jīng zhì 非晶质	amorphous
yán mó 研磨	grind
huī zhōu 徽州	Huizhou (an ancient town in Anhui province)
tún xī 屯溪	Tunxi (a county in Huangshan City, Anhui province)
shè xiàn 歙县	Shexian (a county in Huangshan City, Anhui province)
jì xī 绩溪	Jixi (a county in Anhui province)
huī mò 徽墨	ink stick produced in Huizhou, Anhui province
sōng 松	pine
chān rù 掺入	blend with
sè zé hēi rùn 色泽黑润	black and gilded
jiān ér yǒu guāng 坚而有光	firm and glossy
rù zhǐ bù yūn 入纸不晕	High-quality calligraphy paper shows no feathering with proper ink.
jīng jiǔ bú tuì 经久不褪	unfading
xīn xiāng nóng yù 馨香浓郁	pine soot fragrance in high-end ink

续 表

fáng fǔ fáng zhù 防腐防蛀	antiseptic and mothproof
zào zhǐ shù 造纸术	papermaking technology
sì dà fā míng 四大发明	four great inventions of ancient China
qīng tán shù 青檀树	pteroceltis trees
xuān zhǐ 宣纸	a high quality paper made in Xuancheng (formerly known as Xuanzhou) Anhui Province for traditional Chinese painting and calligraphy
zhì dì 质地	texture
xì báo 细薄	fine and thin
mián rèn 棉韧	soft and flexible
jǐn mì 紧密	close
zhù chēng yú shì 著称于世	known worldwide
nài lǎo huà 耐老化	enduring
lā lì qiáng 拉力强	stretching
qiān nián shòu zhǐ 千年寿纸	paper that can endure thousands of years

续　表

yàn tai 砚台	ink slab
duān yàn 端砚	ink slab produced in Zhaoqing (formerly known as Duanzhou)
jiān shí rùn huá 坚实润滑	hard and smooth
xì nì jiāo nèn 细腻娇嫩	fine-grained, delicately textured surface (of the ink slab)
yán mò 研墨	grind ink; rub the ink stick
fā mò kuài 发墨快	make ink quickly
kù shǔ yán dōng 酷暑严冬	sweltering summer and freezing winter
yàn xīn 砚心	the center of the ink slab
shuǐ qì 水气	moisture
hē qì yán mò 呵气研墨	breathe upon the ink slab and rub the ink stick
táo yě qíng cāo 陶冶情操	cultivate the mind

一、文化要点梳理

1. 笔墨纸砚被誉为_____。
2. 人们习惯地把湖笔、_____、宣纸、_____说成是"四宝"代表。
3. 毛笔按常用尺寸可分为：_____、_____、_____等。
4. 造纸术为中国古代_____之一。
5. 文房四宝不仅是书写工具，它们本身也是_____。

二、情景模拟表演

1. 请根据课文内容创设一个情景，和同学一起进行对话表演。
2. 请把你的国家的相似事物或情境分享给同学们，可以表演，也可以讲述。

第十一课 琴棋书画

琴棋书画在中国古代指弹琴、弈棋、书法、绘画,是中国古代文人雅士所推崇和要掌握的四门艺术,又称为"文人四艺"。

琴

琴棋书画中的"琴"指古琴,又称瑶琴、玉琴、七弦琴,为中国最古老的弹拨乐器之一。古琴是在春秋时期就已盛行的乐器,其历史有四千余年。据《史记》记载,琴的出现不晚于尧舜时期(约公元前2500—公元前2000年)。

棋

棋乃围棋,起源于中国古代,可谓中国的国棋。下围棋又称对弈,使用格状棋盘及黑白二色棋子。对弈时,执黑棋方先下,直到黑白任何一方无子可落,以占领棋盘面积较多的一方为胜。目前围棋流行于亚太地区,覆盖世界范围,是一种非常流行的棋类游戏。围棋体现了中国文化中蕴藏着的智慧与灵性。

书

书指中国书法,是中国文化的载体。没有它,文化便不能传播。书法从工具到笔法都有一定的讲究。笔、墨、纸、砚的品种,下笔、提笔、顿笔的方法以及个人的性格脾气都与书法有着十分密切的关系。书法字体就是书法风格的分类,主要有因形立意的篆书、蚕头雁尾的隶书、龙飞凤舞的草书、中规中矩的楷书、潇洒飘逸的行书……千姿百态,异彩纷呈,翩若惊鸿,宛若游龙,给人以无限的想象与无尽的心旷神怡之感。

书法也体现了中华民族的特点:豪爽、大气、端庄、含蓄……

画

画指中国画,也称国画。从艺术的分科来看,中国画分为人物、山水、花鸟三大画科。按照艺术的手法来分,中国画分为工笔、写意和兼工带写三种形式。中国画力求生动、传神,给人一种"中国式"的美:工笔细描,产生无尽的意趣;浓墨重彩,展现无穷的诗意;诗画的完美结合更赋予画中内容以精神和情韵。从简朴中可以窥见繁复,从简淡处可以看到多彩。中国画崇尚自然、生动、平衡、和谐,这是中国文化的精髓。

琴棋书画作为一种文化载体已根植于中华民族的血脉之中。如今,琴棋书画不仅是一个词语,更是一种文化符号。我们习惯用它来表达一种圣洁高雅的情操、一种衡量才能的标准。我们用"琴棋

四、修身养性篇

书画无所不能"来赞扬一个人的才能,夸赞其才华横溢。

琴棋书画

中国文化

词汇学习

qín qí shū huà 琴棋书画	lute-playing, chess, calligraphy and painting
wén rén yǎ shì 文人雅士	literati
tuī chóng 推崇	praise highly
wén rén sì yì 文人四艺	scholars' four artistic skills
yáo qín 瑶琴	yaoqin (a fiddle inlaid with jade)
yù qín 玉琴	yuqin (another name of yaoqin)
qī xián qín 七弦琴	qixianqin (another name of yaoqin)
tán bō yuè qì 弹拨乐器	a plucked/string instrument
shǐ jì 史记	*Shi Ji* or *Historical Records*, by SiMa qian
yáo shùn shí qī 尧舜时期	Yao and Shun Periods
wéi qí 围棋	Go; Chinese Chess

续 表

duì yì 对弈	chess-playing
gé zhuàng qí pán 格状棋盘	crossed chessboard
yùn cáng 蕴藏	be abundant in
líng xìng 灵性	intelligence
zài tǐ 载体	carrier
xià bǐ 下笔	putting one's brush to paper
tí bǐ 提笔	taking up one's brush
dùn bǐ 顿笔	to pause in writing in order to reinforce the beginning or ending of a stroke
yīn xíng lì yì 因形立意	express the meaning by form
zhuàn shū 篆书	seal script
cán tóu yàn wěi 蚕头雁尾	in the form of silkworm head and wild goose tail
lì shū 隶书	lishu (clerical script)
lóng fēi fèng wǔ 龙飞凤舞	like a dragon flying and a phoenix dancing

续 表

cǎo shū 草书	cursive script (a style of Chinese calligraphy, which is faster to write than other styles, but difficult to read for those unfamiliar with it and which functions primarily as a kind of shorthand script or calligraphic style)
zhōng guī zhōng jǔ 中规中矩	in a flat and straight form
kǎi shū 楷书	regular script (the newest of the Chinese script styles, common in modern writings and publications)
xiāo sǎ piāo yì 潇洒飘逸	in natural and unrestrained manner
xíng shū 行书	semi-cursive script (a cursive style of Chinese characters, which is not as abbreviated as cursive, so most people who can read regular script can read semi-cursive)
qiān zī bǎi tài 千姿百态	in myriad forms of calligraphic scripts
yì cǎi fēn chéng 异彩纷呈	extraordinary splendor
piān ruò jīng hóng 翩若惊鸿	flying gracefully like a startled swan
wǎn ruò yóu lóng 宛若游龙	swaying lightly like a swift dragon
xīn kuàng shén yí 心旷神怡	be refreshed in mind and heart

续　表

háo shuǎng 豪爽	bold and unconstrained
dà qì 大气	magnanimous; big-minded; forceful
duān zhuāng 端庄	dignified; elegant; cultivated
hán xù 含蓄	implicit; subtle; introverted
gōng bǐ 工笔	detailed brush work (characterized by fine brush work and close attention to detail)
xiě yì 写意	free hand brush work (characterized by simple and bold strokes intended to represent the exaggerated likenesses of the objects)
jiān gōng dài xiě 兼工带写	the combination of gongbi and xieyi
shēng dòng 生动	lively; vivid
chuán shén 传神	lifelike
gōng bǐ xì miáo 工笔细描	meticulous painting
yì qù 意趣	aesthetic delight
nóng mò zhòng cǎi 浓墨重彩	thick and heavy colors
fù yǔ 赋予	endow ... with

续　表

qíng yùn 情 韵	emotional connotations
jiǎn pǔ 简 朴	simple and unadorned
kuī jiàn 窥 见	get a glimpse of
fán fù 繁 复	complicated
chóng shàng 崇　尚	admire
jīng suǐ 精 髓	essence
gēn zhí 根 植	be rooted in
shèng jié gāo yǎ 圣 洁 高 雅	saintly and elegant
qíng cāo 情 操	sentiment; the mind and the spirit
wén huà fú hào 文 化 符 号	cultural symbol
zhī shi yuān bó 知 识 渊 博	be erudite and informed

一、文化要点梳理

1. 琴棋书画在中国古代指＿＿＿＿、＿＿＿＿、＿＿＿＿、＿＿＿＿。
2. 据《史记》记载,古琴在什么时期就已经出现?
3. 棋,指＿＿＿＿,下围棋又称＿＿＿＿。
4. 常见的书法字体有哪些?
5. 中国画的三大画科指的是＿＿＿＿、＿＿＿＿、＿＿＿＿。

二、情景模拟表演

1. 请根据课文内容创设一个情景,和同学一起进行对话表演。
2. 请把你的国家的相似事物或情境分享给同学们,可以表演,也可以讲述。

第十二课 梅兰竹菊

梅兰竹菊指梅花、兰花、竹子、菊花。千百年来,这四种植物以其清雅淡泊的品质深受中国人的喜爱,是中国借物喻志的象征,也是咏物诗和文人画中最常见的题材,被称为"花中四君子"或"四君子"。

梅

梅花是中国特有的植物,在中国有三千余年的栽培历史,是极具观赏性和文化象征的植物。梅花在寒冬腊月中开放,高洁坚强,并散发出幽香。

中国诗人们从梅花身上看到了自己的理想人格模式,常用"清逸"来写梅花的神韵。"清逸"不仅是古代隐士的品格，而且是士大夫的传统文化性格。梅花以它超凡脱俗、坚贞不渝的品格激励着人们。

此外，在严寒中，梅开百花之先，独天下而春，因此梅又常被民间作为传春报喜的吉祥象征。

兰

兰花生长在深山幽谷无人之处，以花朵色淡香清而著称，常被看作是谦谦君子的象征。

早在春秋时期（公元前770—公元前476年），中国人就已经开始观赏与培植兰花。中国文化先师孔子（公元前551—公元前479年）将兰称为"王者之香"。

在中国传统文化中，养兰、赏兰、绘兰、写兰，一直是人们陶冶情操、修身养性的重要途径。被誉为"王者之香"的中国兰花成了高雅文化的代表。古今名人把兰花喻为花中君子。古代文人常把诗文之美喻为"兰章"，把友谊之真喻为"兰交"，把良友喻为"兰客"。

竹

中国是竹子的故乡,在中华民族的衣食住行中,到处都有竹子的倩影。

竹子有着不一般的中国传统文化含义。

竹子四季常青,象征着顽强的生命力。竹子空心,代表虚怀若谷的品格。其枝弯而不折,是柔中有刚的做人原则。生而有节、竹节必露则是高风亮节的象征。竹子的挺拔洒脱、正直清高、清秀俊逸也是中国文人的人格追求。

竹子与中国文字结缘最早。从战国时期(公元前475—公元前221年)到魏晋(220—420年)长达八百年的岁月里,人们用"竹简"写字、刻字、著书立说。但是"竹报平安"一词和竹简无关,该典故出自唐代段成式《酉阳杂俎续集》,其中记载北都童子寺僧人每日报告竹子生长情况以示平安。后来,"竹报平安"逐渐演变为指代平安家信的象征,并简称为"竹报"。

菊

菊花是中国传统名花。中国是世界上最早种植菊花的国家。据文献记载,中国种植菊花已有三千余年的历史,世界各地的菊花大都源自中国。

中国人极爱菊花,从汉代(公元前206—公元220年)起,人们便将菊花作为药用植物栽培,宋代(960—1279年)民间就有一年一度的菊花盛会。

古代神话传说中菊花又被赋予了吉祥、长寿的含义,如菊花与喜鹊组合表示"举家欢乐";菊花与松树组合表示"益寿延年"等。

菊花以其品性的素洁高雅、色彩的绚丽缤纷、风骨的坚贞顽强和意趣的丰富多彩而备受文人青睐。

源远流长的养菊、赏菊、品菊、咏菊的传统培养了中国人雅洁高尚的情操和民族气节。

中国文化

méi lán zhú jú
梅 兰 竹 菊

四、修身养性篇

词汇学习

méi 梅	plum blossom
lán 兰	orchid
zhú 竹	bamboo
jú 菊	chrysanthemum
qīng yǎ dàn bó 清雅淡泊	elegant and carefree
jiè wù yù zhì 借物喻志	metaphorically inspirational
yǒng wù shī 咏物诗	object-eulogizing poetry; odes to objects
tí cái 题材	theme
sì jūn zǐ 四君子	four junzi (sages)
zāi péi 栽培	cultivate
guān shǎng xìng 观赏性	the quality of being appreciated

续　表

hán dōng là yuè 寒冬腊月	in the severe winter
gāo jié jiān qiáng 高洁坚强	noble and tough
yōu xiāng 幽香	faint scent
rén gé mó shì 人格模式	type of personality
qīng yì 清逸	fresh and elegant
shén yùn 神韵	romantic charm
yǐn shì 隐士	hermit
shì dà fū 士大夫	scholar officials
chāo fán tuō sú 超凡脱俗	have an unearthly beauty
jiān zhēn bù yú 坚贞不渝	loyal through thick and thin
bǎi huā zhī xiān 百花之先	bloom first among flowers
chuán chūn bào xǐ 传春报喜	be the herald of spring
jí xiáng 吉祥	lucky
shēn shān yōu gǔ 深山幽谷	deep canyon

续 表

sè dàn xiāng qīng 色 淡 香 清	light in color and faint in scent
qiān qiān jūn zǐ 谦 谦 君 子	a modest, self-disciplined gentleman
chūn qiū shí qī 春 秋 时 期	Spring and Autumn Period
wén huà xiān shī 文 化 先 师	cultural master
wáng zhě zhī xiāng 王 者 之 香	the kingly orchid's scent
lán zhāng 兰 章	orchid prose and poem (exquisite prose and poem)
lán jiāo 兰 交	orchid friendship (genuine friendship)
lán kè 兰 客	orchid friend (bosom friend)
qiàn yǐng 倩 影	the beautiful image
xū huái ruò gǔ 虚 怀 若 谷	humble and compatible
róu zhōng yǒu gāng 柔 中 有 刚	an iron fist in a velvet glove
shēng ér yǒu jié 生 而 有 节	born with bamboo joints
zhú jiē bì lù 竹 节 必 露	exposed bamboo joints
gāo fēng liàng jié 高 风 亮 节	have a strong sense of integrity

续 表

tǐng bá sǎ tuō 挺拔洒脱	upstanding and easygoing
zhèng zhí qīng gāo 正直清高	integrity and moral loftiness
qīng xiù jùn yì 清秀俊逸	good-looking
jié yuán 结缘	form ties (of affection, friendship, etc.)
zhàn guó shí qī 战国时期	the Warring States Period
wèi jìn 魏晋	Wei and Jin Dynasties
zhú jiǎn 竹简	bamboo slips for writing
zhú bào píng ān 竹报平安	A family letter reports peace.
yào yòng zhí wù 药用植物	a medicinal plant
jú huā shèng huì 菊花盛会	chrysanthemum exhibition
cháng shòu 长寿	longevity
xǐ què 喜鹊	magpie
jǔ jiā huān lè 举家欢乐	the cheerfulness of the whole family
yì shòu yán nián 益寿延年	conducive to longevity

续 表

sù jié gāo yǎ 素洁高雅	plain and elegant
xuàn lì bīn fēn 绚丽缤纷	bright and colorful
fēng gǔ 风骨	strength of character
jiān zhēn wán qiáng 坚贞顽强	faithful and unyielding
qīng lài 青睐	favor
yuán yuǎn liú cháng 源远流长	run a long history
yǎng jú 养菊	grow chrysanthemums
shǎng jú 赏菊	appreciate chrysanthemums
pǐn jú 品菊	taste chrysanthemums tea
yǒng jú 咏菊	write verses or poems on chrysanthemums
yǎ jié gāo shàng 雅洁高尚	plain and noble
qíng cāo 情操	sentiment
mín zú qì jié 民族气节	national temperament

一、文化要点梳理

1. 被称为"花中四君子"或"四君子"的花是指_____。
2. 在中国有三千余年栽培历史的梅花常被民间作为_____的吉祥象征。
3. 古代文人常把美妙的诗文喻为"_____",把真诚的友谊喻为"_____",把亲密的朋友喻为"_____"。
4. 从战国时期到魏晋,人们写字、刻字、著书立说一般在_____上进行。
5. 在古代神话传说中,菊花具有吉祥、长寿的含义,如菊花与_____组合表示"举家欢乐";菊花与_____组合表示"益寿延年"等。

二、情景模拟表演

1. 请根据课文内容创设一个情景,和同学一起进行对话表演。
2. 请把你的国家的相似事物或情境分享给同学们,可以表演,也可以讲述。

五、强身健体篇

健康的身体是幸福人生的基础。中华民族向来注重身体保养,创造了各种健身运动方式,以达到强身健体、延年益寿的目的。中国人对健康的认识受到传统医学思想的影响,强调养生保健,阴阳平衡,内病外治。中医看病采用望闻问切的诊断方法,要求对症下药。中药学经典著作中记录的草药至今仍有神奇的疗效。本篇从气功太极、针灸推拿、望闻问切等方面介绍中国人养生保健与防病治病的传统做法。

第十三课 气功太极

"练气功"和"打太极"是中国传统的强身健体的方法。中国气功最初称为"导引",1949年后称为"气功",自上古时代就开始流传了,其理论建立在中医养身健身的基础上。太极拳出现在明朝(1368—1644年)末年。气功和太极拳都以中国古代的阴阳学说为指导,并运用中医经络理论来解释锻炼中出现的现象。

气功

气功是将呼吸运动、肢体动作与意念活动结合在一起的功法。气功不仅有强身健体的功效,还能治病。气功锻炼使气能顺畅、阴阳平衡、血液流通顺畅,从而起到防病、治病、延年益寿的作用。

气功分为静功、动功两大类。静功是指练功时躯体在空间的位置保持不动的一类功法。从外形上看人不动,内心也很宁静,但人体内的脏腑机能在定向性的意念活动影响下,都在不停地调整运动,即所谓的"静中有动"。

静功可按不同流派和练功目的分为许多种,如医家吐呐功法、道教周天功法、佛教禅定功法、儒家静坐功法等;亦可按练功姿势分为卧式静功、坐式静功、站式静功等。

动功是指练功时躯体在空间的位置不断地发生变化的一类功法。从外形上看人在不断地动,但其精神活动却保持相对宁静,即所谓的"动中有静"。动功根据不同形式和作用,又可分为仿生动功、套式动功、段式动功等。

仿生动功起源较早,五禽戏是古代仿生动功的代表。五禽戏是一种模仿动物的动作和神态的动功。五禽戏能使人动作灵敏、协调平衡,改善关节功能及身体素质。练习时模仿虎、鹿、熊、猿和鹤这五种禽兽的姿势,分为虎戏、鹿戏、熊戏、猿戏和鹤戏五种动作,并将它们的神韵表现出来,达到强身健体的功效。

五禽戏的五种动作的作用各不相同。虎戏的动作刚猛有力,要表现出虎的威猛神态,能够增强体力;鹿戏姿势伸展,应把鹿的探身、仰脖、缩脖、奔跑、回首等神态表现出来,利于舒展筋骨,增进行走能力;熊戏动作沉稳,要表现出熊步行时候的神态,能够增强内脏器官功能;猿戏动作敏捷,要表现出跳跃、攀登的神态,有助于锻炼灵活性;鹤戏动作高昂挺拔,要表现出展开翅膀、轻轻飞翔、落地独立

五禽戏

等动作神态,有助于增强呼吸功能,提高平衡能力。每种动作都是左右对称地各做一次,属于中低运动强度的有氧运动。

套式动功一般是一个较为完整的功法中的动功部分,动作连贯,一气呵成,锻炼时要从头至尾做完一个套路,如"易筋经"。易筋经相传为达摩祖师创编。他在少林寺的石洞内面壁九年,后人在石洞的洞壁上发现了"易筋经"的图案。达摩洞一直被当作少林寺的圣地。"易筋经"是一种能够增强筋骨、增强内力的健身方法。"易"表示改变;"筋"表示肌肉筋骨;"经"表示专门介绍某物的典籍。

段式动功的特点是动作不连贯,可随时取舍,选做其中的一势或几势动作即可,如八段锦。八段锦是中国最古老的健身操。"八"表示它有八节动作;"段"是个量词;"锦"表示珍贵。八段锦的动作简单,练习时不需要器械,效果良好,自古以来深受人们的喜爱。

太极拳

太极拳是根据太极理论创造的一套拳术。中国

古人将天地混沌未分的状态称为"无极",用"太极"形容混沌初分后的阴阳两气,此状态用太极图较易体现。太极图呈圆形,内含阴和阳两个半弧形的图案。太极拳采用这个名称,象征着太极拳是圆转的、弧形的、刚柔相济的拳术。太极图在太极拳中的应用,主要在小腹部位——下丹田内以意行气,有如转动的立体太极球。

太极拳具有含蓄内敛、连绵不断、以柔克刚、急缓相间、行云流水的拳术风格。太极拳使习练者的意、气、形、神逐渐趋于圆融一体的至高境界,它对于武德修养的要求使得习练者在增强体质的同时提高自身素养,提升人与自然、人与社会的融洽与和谐程度。今天,掌握太极拳真谛的人仍能显示"四两拨千斤"的功力。

现代太极拳主要用于养生保健。锻炼时要求呼吸、动作与意念相配合。动作缓慢、连续,有人将这种锻炼称为太极拳的"静练"。

中国文化

词汇学习

liàn qì gōng 练气功	practice qigong (a traditional Chinese system of cultivating life force by exercises, breathing techniques and meditation)
dǎ tài jí 打太极	practice taijiquan (a form of traditional Chinese shadow boxing)
dǎo yǐn 导引	daoyin (a traditional Chinese bodybuilding exercise which combines breathing control, body and limb movements, concentration of mind, local massage, etc.)
shàng gǔ shí dài 上古时代	remote antiquity
jīng luò 经络	meridians and collaterals
hū xī 呼吸	breathe
zhī tǐ dòng zuò 肢体动作	body movement
yì niàn huó dòng 意念活动	mental activity
qì 气	qi (vital energy)
yán nián yì shòu 延年益寿	conduce to longevity

续　表

jìng gōng 静　功	static exercise
dòng gōng 动　功	dynamic exercise
jīng suǐ 精　髓	quintessence
zàng fǔ 脏　腑	internal organs; the viscera
jìng zhōng yǒu dòng 静 中 有 动	motion in quiescence
wò shì jìng gōng 卧 式 静 功	horizontally static exercises
zuò shì jìng gōng 坐 式 静 功	sitting static exercises
zhàn shì jìng gōng 站 式 静 功	vertically static exercises
dòng zhōng yǒu jìng 动 中 有 静	quiescence in motion
fǎng shēng dòng gōng 仿 生 动 功	bionics dynamic exercises
tào shì dòng gōng 套 式 动 功	routine dynamic exercises
duàn shì dòng gōng 段 式 动 功	stanzaic dynamic exercises
wǔ qín xì 五 禽 戏	Five-Animal Qigong
mó fǎng 模　仿	imitation

续　表

shén yùn 神韵	magical charm
gāng měng yǒu lì 刚猛有力	rigid and powerful
wēi měng shén tài 威猛神态	robust manner
zī shì 姿势	posture; gesture
shēn zhǎn 伸展	extend; stretch
tàn shēn 探身	lean forward
yǎng bó 仰脖	toss one's neck back
suō bó 缩脖	withdraw one's neck
shū zhǎn jīn gǔ 舒展筋骨	limber up one's muscles and bones
yuán 猿	ape
hè 鹤	crane
yǒu yǎng yùn dòng 有氧运动	aerobic exercise
yí qì hē chéng 一气呵成	accomplish sth at a stretch; get sth done at one go
dòng bì 洞壁	cave walls; cavity walls

续　表

shào lín sì 少林寺	the Shaolin Temple
shèng dì 圣地	the holy land
jī ròu jīn gǔ 肌肉筋骨	muscles and bones
bā duàn jǐn 八段锦	Baduanjin (eight segments of brocade)
wú jí 无极	non-polarity
hùn dùn 混沌	chaos
chū fēn 初分	separation of the heaven and the earth
gāng róu xiāng jì 刚柔相济	combining hardness and softness
dān tián 丹田	Dantian (elixir field; sea of qi; energy center)
yǐ yì xíng qì 以意行气	guide the flow of qi mentally
hán xù nèi liǎn 含蓄内敛	implicity
lián mián bú duàn 连绵不断	incessancy
yǐ róu kè gāng 以柔克刚	the principle of "softness overcomes hardness" (using fluid movements to counter brute force)

续 表

jí huǎn xiāng jiàn 急 缓 相 间	quick and slow at intervals
xíng yún liú shuǐ 行 云 流 水	floating clouds and flowing water (smoothness, coherence, continuity, terseness)
sì liǎng bō qiān jīn 四 两 拨 千 斤	the principle of "four ounces deflecting a thousand pounds"(using subtle movements to neutralize brute force)

一、文化要点梳理

1. _____和打太极是中国传统的强身健体的方法。
2. 气功分为静功和_____两大类。
3. 华佗的"五禽戏"模仿虎、_____、熊、_____、鹤五种禽兽的姿势。
4. 太极拳是根据_____创造的一套拳术。
5. 现代太极拳锻炼时要求_____、_____与_____相配合。

二、情景模拟表演

1. 请根据课文内容创设一个情景,和同学一起进行对话表演。
2. 请把你的国家的相似事物或情境分享给同学们,可以表演,也可以讲述。

第十四课　针灸推拿

身体疼痛是每个人都能够感受到并经历过的,一般人认为小疼小痛可以忍受,不当一回事,也有人因经常感到身体某部位持续疼痛而去医院检查,西医拍片化验后并没有发现什么病症,吃药打针也没有任何疗效,这样的疼痛到底算不算疾病呢？中医认为不可忽视这些疼痛,并可尝试通过不吃药、不打针的针灸和推拿等方法来解除,从而达到防病、治病的效果。针灸推拿是中医常用的养生治病方法,其理论基础是经络学。

针灸

针灸是采用针刺或火灸人体穴位来治疗疾病的方

法,是联合国教科文组织认定的人类非物质文化遗产之一。穴位指人体经络线上特殊的点区部位,多为神经末梢和血管较少的地方。经络是运行气血、联系脏腑和体表及全身各部的通道,是人体功能的调控系统。早在两千多年以前,华夏祖先就已经知道人体皮肤上有着许多特殊的感觉点,《黄帝内经》记载了160多个穴位名称。

中医常说"通则不痛,痛则不通"。"通"是指气血精津沿着各自的经络脉道正常运行至全身而无阻滞,人感到精力充沛,精神饱满。如果经络某一处瘀堵,气血不能流通,整个身体就如同不能流动的死水,如不能及时疏通,久而久之,气滞血瘀形成体内蕴毒,就会使人产生疼痛感,甚至导致疾病。针灸是在病人身体的一定部位用针刺入,达到刺激神经并引起局部反应,或用火的温热刺激烧灼局部,以达到治疗疾病的目的。前一种称作针法,后一种称作灸法,统称针灸疗法。

针法是以毫针刺激人体经络穴位,通过提、插、捻、转等不同手法,起到调整脏腑、疏通经络的作用。

中国文化

灸法是借助艾火热力,灸灼、熏熨穴位,以达到温通经络、调养脏腑的效果。艾火是艾绒燃烧的火。艾绒用菊科植物艾蒿的干叶制成,其色泽灰白,柔软如绒,易燃而不起火焰,气味芳香,适合灸用,以陈年者为佳。

用针灸行医救人,必须遵循人体的穴位经络。起初,中医主要依靠书籍和图本来熟悉穴位。由于没有直观的形象作为参考,非但不方便,而且容易出现错误。为了改变这种状况,宋仁宗赵祯(1010—1063年)诏令王惟一(约987—1067年)考证针灸之法,组织全

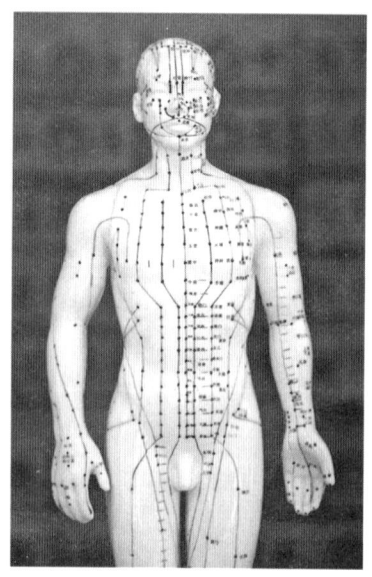

人体经络穴位

178

国能工巧匠,铸造针灸铜人两座,被称为宋天圣铜人。这两座针灸铜人,高度跟成年男子一般,外壳可以拆卸,胸腹腔也能够打开,可以看见腹腔内的五脏六腑,位置、形态、大小比例都基本准确。在铜人身体表面严格按照人体的实际比例刻着人体14条经络循行路线,并详细标注各条经络之穴位名称。

推拿

推拿是人类最古老的一种外治疗法,同样基于经络学原理,具有疏通经络、解表发汗、镇静止痛、开窍提神的作用。推拿对落枕、扭伤、腹泻、失眠、肌肉损伤、痛风等有较好的疗效。推拿还有助于消除疲劳、延缓衰老、减轻肥胖、美容皮肤、治疗更年期综合征等。

推拿通常以手、腕、肘、前臂、足、膝等部位,按照一定的操作技术要求施加于患者身体,从而实现防治疾病的目的。推拿中手部操作运用最多,也最富于变化,所以习惯上称之为手法。推拿手法是治疗疾病的关键,手法的熟练程度直接影响治疗的效果。推拿手法中最基本的动作是推、拿、按、摩、揉、捏等。推法是用指或掌着力于人体某一部位或穴位上,向前、向外移动或弧形移动;拿法是用拇指、食指、中指相对,捏住某一部位或穴位,逐渐用力内收、并作持续揉捏动作;按法是用手指或掌面着力于人体某一部位或穴位,逐渐用力下压;摩法是推拿手法中最轻柔的一种,用食指、中指和无名指的指面附着在体表的一定位置上,做环形有节奏的抚摩;揉法指用大鱼际、掌根或手指罗纹面吸附于一定的治疗部位,做轻柔缓和的环旋运动;捏法是用大拇指与其余三指或四指夹住人体某一部位,相对用力挤压。推、拿、按、摩、揉、捏等手法往往综合使用。为达到满意的治疗效果,推拿时还可用滑石粉、姜葱汁、松节油、按摩乳等作为辅助。推、拿、按、摩、揉、捏等手法的动作要领不难掌握,一般人都可以尝试。通过不断操作以及与推拿对象之间的交流、感悟,手法不断提高、成熟。

推拿还和刮痧结合使用。刮痧通过使用刮痧器具和相应的手法,蘸取一定的介质,在体表进行反复刮动、摩擦,使皮肤局部出现红色粟粒状或暗红色出血点等"出痧"变化,从而达到活血透痧的作用。因其简单、方便、廉价、有效的特点,临床应用广泛,适合医疗及家庭保健。

刮痧工具的材质不固定,形式多样,许多日常用具均可以作为刮痧工具使用:如表面光滑坚硬的铜钱、银元、瓷汤勺、嫩竹板、棉纱线、蚌壳等,现在还有了树脂、硅胶等现代材料所制成的刮痧工具。较好的刮痧器具是用牛角、玉石或砭石材料制成的。刮痧时蘸取的介质多为液体或乳膏。液体可用水、植物油、药油等。植物油可用芝麻油、茶籽油、菜籽油、豆油、花生油、橄榄油;药油可用红花油、跌打损伤油、风湿油等。乳膏可用凡士林、润肤霜、蛇油、扶他林乳膏等。这些介质不仅可防止刮痧板划伤皮肤,还可起到滋润皮肤、开泄毛孔、活血行气的作用。

源远流长的中医针灸推拿疗法具有"不开刀、不吃药、康复快、花钱少"的特色,其养生防病的功效在现代社会备受推崇。很多针灸推拿馆的出现正是满足了人们养生防病的需求。

词汇学习

zhēn jiǔ 针灸	acupuncture and moxibustion
tuī ná 推拿	tuina
bú dàng yī huí shì 不当一回事	do not take it seriously
chí xù 持续	continuous
pāi piān 拍片	X-ray photograph
huà yàn 化验	laboratory test
bìng zhèng 病症	diseases and symptoms
jīng luò xué 经络学	theory of meridians and collaterals
zhēn cì 针刺	acupuncture
huǒ jiǔ 火灸	moxibustion
xué wèi 穴位	acupuncture point; acupoint

续　表

jīng luò xiàn 经络线	meridian line
shén jīng mò shāo 神经末梢	nerve terminals
qì xuè 气血	qi and blood
tǐ biǎo 体表	body surface
tōng dào 通道	vessel
tiáo kòng xì tǒng 调控系统	regulating system
tōng zé bù tòng，tòng zé bù tōng 通则不痛，痛则不通	No obstruction, no pain, and vice versa.
jīng jīn 精津	body fluid
mài dào 脉道	route of meridian
zǔ zhì 阻滞	block
yū dǔ 瘀堵	stagnation
qì zhì 气滞	qi stagnation
xuè yū 血瘀	blood stasis

续 表

yùn dú 蕴毒	accumulation of toxin
cì jī shén jīng 刺激神经	stimulate the nerve
jú bù fǎn yìng 局部反应	local reaction
wēn rè 温热	warmth
shāo zhuó 烧灼	cauterization
zhēn fǎ 针法	acupuncture techniques
jiǔ fǎ 灸法	moxibustion techniques
háo zhēn 毫针	filiform needle
tí 提	lift
chā 插	insert
niǎn 捻	twirl
zhuǎn 转	rotate
ài huǒ 艾火	burning moxa
rè lì 热力	heat

续 表

jiǔ zhuó 灸灼	cauterize with moxibustion
xūn yùn 熏熨	fumigate and compress
wēn tōng jīng luò 温通经络	warm and activate circulation of meridians and collaterals
tiáo yǎng zàng fǔ 调养脏腑	regulate internal organs
ài róng 艾绒	mugwort floss; moxa
ài hāo 艾蒿	mugwort
gàn yè 干叶	dried leaves
chén nián zhě 陈年者	mugwort floss stored for years
zhào lìng 诏令	an imperial edict
zhēn jiǔ tóng rén 针灸铜人	the bronze acupuncture statue
wài ké 外壳	shell
chāi xiè 拆卸	disassemble
xiōng fù qiāng 胸腹腔	thoracic and abdominal cavity

续　表

wǔ zàng liù fǔ 五脏六腑	Zang-Fu-Organs
jiě biǎo fā hàn 解表发汗	relieving the exterior to induce sweating
zhèn jìng zhǐ tòng 镇静止痛	stopping pain by tranquilization
kāi qiào tí shén 开窍提神	induce resuscitation and refresh mental activity
lào zhěn 落枕	strained neck
niǔ shāng 扭伤	sprain, wrench
fù xiè 腹泻	diarrhea
shī mián 失眠	insomnia; sleeplessness
jī ròu sǔn shāng 肌肉损伤	muscle injury
tòng fēng 痛风	gout; arthrolithiasis
yán huǎn shuāi lǎo 延缓衰老	anti-aging
měi róng pí fū 美容皮肤	make one's skin healthy and beautiful
gēng nián qī zōng hé zhēng 更年期综合征	climacteric syndrome
wàn 腕	wrist

续 表

zhǒu 肘	elbow
qián bì 前臂	forearm
tuī 推	push
hú xíng yí dòng 弧形移动	circular movement
àn 按	press
róu niē dòng zuò 揉捏动作	knead-pinch
huán xíng 环形	ring-shaped
yǒu jié zòu de 有节奏的	rhythmic
dà yú jì 大鱼际	ball of the thumb
huá shí fěn 滑石粉	talc powder
jiāng cōng zhī 姜葱汁	juice of ginger and onion
sōng jié yóu 松节油	turpentine oil
àn mó rǔ 按摩乳	massage lotion
fǔ zhù 辅助	adjunct

续　表

guā shā 刮痧	scraping therapy
zhàn qǔ 蘸取	dip of
jiè zhì 介质	medium
guā dòng 刮动	scrape
mó cā 摩擦	rub
sù lì zhuàng 粟粒状	miliary
chū shā 出痧	stases of blood appear
huó xuè 活血	activating blood
tòu shā 透痧	stases of blood appear completely
tóng qián 铜钱	copper coin
yín yuán 银元	silver coin
cí tāng sháo 瓷汤勺	porcelain soup spoon
nèn zhú bǎn 嫩竹板	green bamboo clappers
mián shā xiàn 棉纱线	cotton yarn

续　表

bàng ké 蚌　壳	pearl shell
shù zhī 树　脂	resin
guī jiāo 硅　胶	silica
niú jiǎo 牛　角	horn
yù shí 玉　石	jade
biān shí 砭　石	bian stone
rǔ gāo 乳　膏	cream
zhí wù yóu 植　物　油	plant oil
yào yóu 药　油	pharmaceutical oil
zhī ma yóu 芝　麻　油	sesame oil
chá zǐ yóu 茶　籽　油	camellia oil
dòu yóu 豆　油	soybean oil
huā shēng yóu 花　生　油	peanut oil
gǎn lǎn yóu 橄　榄　油	olive oil

续　表

hóng huā yóu 红花油	safflower oil
diē dǎ sǔn shāng yóu 跌打损伤油	oil for traumatic injury
fēng shī yóu 风湿油	rheumatic oil
fán shì lín 凡士林	Vaseline，petroleum jelly
rùn fū shuāng 润肤霜	emollient cream
shé yóu 蛇油	snake oil
fú tā lín 扶他林	votalin
kāi xiè máo kǒng 开泄毛孔	pore dispersion
huó xuè xíng qì 活血行气	promoting blood and qi circulation
bèi shòu tuī chóng 备受推崇	popular

一、文化要点梳理

1. 针灸推拿是建立在什么理论基础之上的?
2. 针灸是针法和_____的合称。
3. 针灸铜人最早在什么时候制成的?
4. 推拿又称_____。
5. 刮痧板较好的材质是_____、玉石、_____。

二、情景模拟表演

1. 请根据课文内容创设一个情景,和同学一起进行对话表演。
2. 请把你的国家的相似事物或情境分享给同学们,可以表演,也可以讲述。

第十五课　望闻问切

中医是中华民族优秀的文化遗产。

中国最早的中医经典《黄帝内经》认为，人与自然界是一个整体，人体要适应自然界的阴阳变化，阴阳平衡是人健康的基础。同时人体也是一个小天地，五脏调和才能维持人体的健康。阴阳失衡、五脏失调就会使人生病。

中医从不孤立地看待某一疾病，不是头痛医头、脚痛医脚，而是"望、闻、问、切"四种诊断相结合，从整体的角度来治疗和预防疾病。《古今医统》指出："望闻问切四字，诚为医之纲领。"

望诊

望，就是医生观察病人的神、色、形、态的变化。

"神"就是精神,观察病人的精神状态可以推测病情的轻重;"色"就是色泽,青、赤、黄、白、黑五种肤色是人体五脏强和衰的表现;"形"是病人的形体和营养状况,可以看出病人抵抗疾病的能力;"态"就是病人的姿态动作,也是诊断各种疾病及轻重的依据。

"望闻问切"四诊法由扁鹊发明。

扁鹊(公元前407—公元前310年)是战国时著名医学家。传说有一天,他路过齐国都城临淄时,见到了齐国的国君齐桓公。他看齐桓公的气色不好,就断定他已经生病了,便直言不讳地对他说:"你有病在肤表,如不快治,就会加重。"齐桓公听了不以为然,说:"我没病。"扁鹊见他不听劝告就走了。这时,桓公对左右的人说:"凡是医生都是贪图名利的。他们没有本事,就把没有病的人当有病的来治,以显示本领,窃取功利。"过了五天,扁鹊又来见齐桓公,作了一番观察之后,对齐桓公说:"你的病到了血脉,不治会加重的。"齐桓公听了很不高兴,根本没有把扁鹊的话放在心上。再过五天,扁鹊又来见齐桓公,经过细致观察,严肃地对他说:"你的病进入肠胃之间,再不治,就没救了!"齐桓公听了很生气,当然也没有理睬扁鹊的话。等到扁鹊第四次来见齐桓公,他只瞥了一眼,就慌忙跑开了。齐桓公发觉扁鹊不理睬自己,就派人询问。扁鹊说:"病在肤表,用汤熨可以治好;病进入血脉,用针灸可以治好;病到了肠胃,用酒剂也能治愈。如今齐桓公的病已经深入骨髓,再也没法治了,我只好躲开。"又过了五天,齐桓公果然病重,派人请扁鹊来治,扁鹊早已逃离齐国,而齐桓公因误了治病时机,不久就死了。这是中医望诊的一个经典故事。

闻诊

闻,就是医生凭听觉和嗅觉辨别病人的声音和气味的变化。

人体发出声音,是口、舌、齿、唇、鼻、喉、会厌以及肺等器官协调工作的结果,健康的人发音自然,音调和畅，刚柔相济，否则就可能生病了。

人的语言表达如果不流畅、不清楚，或出现谵语、郑声、独语、错语、狂言等现象也都可能源于较严重的病情。呼吸不畅，出现喘、哮、短气或咳嗽、呕吐、肠鸣、腹鸣等症状都要及时就诊。

"闻"除了听声音还指闻气味。中国古典文学里美女被比作"国色天香"，"天香"就是人的体味。体味是人类及其他肢体生物散发出特殊而天然的气味，与人体的健康关系非常密切。据说，清皇帝乾隆有个妃子长得非常漂亮，并且身上有一股奇异的香味儿，人们都管她叫"香妃"。体香意味着健康，而异样的体味，如脚气味、狐臭味、尿臊味、烂苹果味、烂白菜味等，就意味着不够健康，甚至患有严重的疾病。

问诊

问，即通过询问病人及其家属，了解疾病的发生与发展过程、目前症状和其他与该疾病有关的情况。

问诊法为中医医生普遍采用,一个经典的例子是华佗问诊。华佗(?—208年)是东汉末著名医学家。有一次,一位病人请华佗看病。华佗问病人身体各部位最近有什么异常,病人叹着气,脸上流露出悲伤的表情,对华佗说:"十几天前,我感觉腹中刺痛,最近几天,眉毛头发几乎掉光了。您看我这是什么病?"华佗仔细检查了病人的腹部,说:"你这是脾腐烂了一半,必须动手术切除。"于是让病人服用"麻沸散",然后进行开腹手术,果然发现病人的脾已有一半腐烂了。华佗立即把烂掉的半边脾切掉,缝合好,敷上药,不到一百天,病人就痊愈了。

切诊

切,是按病人的脉搏或其他部位以诊断疾病的方法。切脉应在病人安静时进行,位置通常在手腕的动脉搏动处。心脏是形成脉搏跳动的动力器官,所以切脉首先可以判断心脏的病变。冠心病、心脏供血不足、心功能低下等可反映在脉搏跳动上。

扁鹊是切脉治病的高手。有一次,他到了晋国(今山西、河北、河南一带),被人请去给晋国卿相赵简子看病。赵简子因用脑过度,突然昏倒,已五天不省人事。家人十分害怕,急忙召扁鹊诊治。扁鹊按了脉,从房里出来。有人跟随而出,焦急地探问病情。扁鹊沉静地对他说:"病人的脉搏照常跳动,你不必大惊小怪。不出三日,他就会康复的。"过了两天半,赵简子果然醒了过来。著名史学家司马迁(约公元前145—?年)高度赞扬说:"至今天下言脉者,由扁鹊也。"

通过望闻问切的诊断,医生会给病人对症下药。传统中药以植物为主。秦汉时期众多医学家搜集、总结、整理当时药物学经验成果的专著《神农本草经》和明代李时珍(1518—1593年)的《本草纲目》都是中药学的经典著作。

中国文化

wàng wén wèn qiē
望 闻 问 切

五、强身健体篇

词汇学习

wàng wén wèn qiè 望 闻 问 切	the four methods of diagnosis: inspection, auscultation and olfaction, inquiry, and pulse-taking
wén huà yí chǎn 文 化 遗 产	cultural heritage
huáng dì nèi jīng 《黄 帝 内 经》	*Huangdi Neijing* (*Yellow Emperor's Canon of Medicine*)
zhěng tǐ 整 体	organic wholeness; integrity
yīn yáng píng héng 阴 阳 平 衡	balance of yin and yang
wǔ zàng tiáo hé 五 脏 调 和	harmony of the five internal organs (heart, liver, spleen, lung and kidney)
yīn yáng shī héng 阴 阳 失 衡	imbalance of yin and yang
wǔ zàng shī tiáo 五 脏 失 调	disharmony of the five internal organs
gǔ jīn yī tǒng 《古 今 医 统》	*Gujin Yitong Daquan* (*A Complete Book of Ancient and Modern Medicine*)
gāng lǐng 纲 领	guiding principle

续 表

wàng zhěn 望 诊	diagnosis by inspection
chì 赤	redness
shuāi 衰	decline
zī tài dòng zuò 姿 态 动 作	gesture; posture; motion
biǎn què 扁 鹊	Bian Que, a famous doctor in the period of Warring States
guó jūn 国 君	monarch
zhí yán bú huì 直 言 不 讳	speak without reserve
bù yǐ wéi rán 不 以 为 然	disapprovingly
běn lǐng 本 领	ability; capability
qiè qǔ 窃 取	take away by trickery
gōng lì 功 利	utility; material gain
fū biǎo 肤 表	superficial
tàng yùn 汤 熨	decoction and compress
gǔ suǐ 骨 髓	bone marrow

续　表

wén zhěn 闻　诊	diagnosis by auscultation and olfaction
huì yàn 会　厌	epiglottis
zhān yǔ 谵　语	delirious speech; wild talk
zhèng shēng 郑　声	fading murmuring
dú yǔ 独　语	soliloquy; speak to oneself
cuò yǔ 错　语	paraphasia
kuáng yán 狂　言	wild language; nonsense; incoherent talk
hū xī bú chàng 呼 吸 不 畅	disturbance in respiration; bad breath
chuǎn 喘	pant
xiào 哮	heavy breathing; wheeze
duǎn qì 短　气	shortness of breath
ké sou 咳 嗽	cough
ǒu tù 呕 吐	vomit
cháng míng 肠　鸣	borborygmus

续 表

fù míng 腹 鸣	barborygmus
jiǎo qì wèi 脚 气 味	beriberi; ringworm of the foot
hú chòu wèi 狐 臭 味	body odor; bromhidrosis
niào sāo wèi 尿 臊 味	the taste of urine
làn 烂	rotten; decayed
wèn zhěn 问 诊	diagnosis by inquiry
huà tuó 华 佗	Hua Tuo, a famous physician at the end of the Han Dynasty
má fèi sàn 麻 沸 散	powder for anesthesia
kāi fù shǒu shù 开 腹 手 术	laparotomy
dòng mài 动 脉	artery
bó dòng chù 搏 动 处	pulsation
guān xīn bìng 冠 心 病	coronary disease; coronary heart disease
gòng xiě bù zú 供 血 不 足	insufficiency of blood supply
xīn gōng néng dī xià 心 功 能 低 下	decreased/impaired cardiac function

续　表

jìn guó qīng xiāng 晋国卿相	the prime minister of Jin State
bù xǐng rén shì 不省人事	unconsciousness
shén nóng běn cǎo jīng 《神农本草经》	*Shen Nong Ben Cao Jing*（*Sheng Nong's Herbal Classic*）
běn cǎo gāng mù 《本草纲目》	*Compendium of Materia Medica*
zhōng yào xué 中药学	Chinese Materia Medica
jīng diǎn zhù zuò 经典著作	classic works

一、文化要点梳理

1. 中国最早的中医经典是_____。
2. "望闻问切"四诊法由_____发明。
3. 中国古典文学里美女被比作"国色天香","天香"就是人的_____。
4. 华佗是东汉末年著名的_____。
5. _____和_____是中药学的两部经典著作。

二、情景模拟表演

1. 请根据课文内容创设一个情景,和同学一起进行对话表演。
2. 请把你的国家的相似事物或情境分享给同学们,可以表演,也可以讲述。

六、
chuán tǒng zhé xué piān
传统哲学篇

哲学是关于世界观的学说,是自然知识和社会知识的概括和总结。中国传统哲学历史悠久,体系庞大,博大精深,具有自己独特的传统概念范畴,如太极、阴阳、五行、八卦、道等,凝结着中国思想家的智慧。中国人的宇宙观方面以易经和老庄思想为代表,伦理社会观则以孔孟之说为代表。本篇从阴阳五行、八卦易经、孔孟老庄等方面介绍中国传统哲学最基本的理念。

第十六课　阴阳五行

阴阳五行学说是阴阳学说和五行学说的合称，是中国古代的哲学理论。在古代，阴阳五行学说被广泛应用到天文、地理、历法、农学、医学等各个领域，用来解释各种自然或社会现象。

阴阳学说

阴阳学说认为，世界是物质性的整体。自然界各种事物和现象都包括阴阳对立的两个方面，而对立的双方又是互相统一的。一切事物的发生、发展、变化及消亡，都源于阴和阳的对立统一运动。

阴阳最初的涵义是指日光的向背，即向日为阳，背日为阴。后引申为事物的刚性、外在、向上、运动、简明、积极的一面为阳;事物的阴柔、内在、向下、静止、细腻、消极的一面为阴。例如:天为阳,地为阴,昼为阳,夜为阴,男为阳,女为阴。就人体部位而言:上部为阳,下部为阴;体表为阳,体内为阴;背部为阳,腹部为阴;四肢外侧为阳,内侧为阴。后来古代思想家观察到自然界的事物和现象都存在着正反两个方面,于是就用阴阳这个概念来解释自然界两种既对立又相互消长的物质势力,并认为阴阳的对立和消长是事物本身所固有的,是事物发生、发展与变化的基本规律。

阴和阳,既可以表示相互对立的事物,又可用来分析一个事物内部所存在的相互对立的两个方面。《易经》的太极图就是阴阳的总结和象征。太极图由黑白两个鱼形图案拼成一个完整的圆形,喻示着阴阳相互转化又相互对立的基本道理。由"鱼尾"至"鱼头",是阴或阳由弱小到壮大的过程;"鱼眼"(黑色中的白点或白色中的黑点)代表着阴中有阳、阳中有阴,阴阳相互依存的关系;呈中心对称的("鱼头"衔"鱼尾")的图形表示阴阳之间是可以相互转化的,即阳盛极而阴生,阴盛极而阳生;黑白分明又表示阴阳之间是相互克制的。阴阳共同拼合成一个完整的圆形,表示阴阳是一个整体,是不可分割的意思。古代的八卦易经、占卜、星象、相术等,它们的理论核心都是阴阳学说。

太极图

五行学说

五行是指木、火、土、金、水五种物质及其运动规律。古人在长期的生活和生产实践中认识到木、火、土、金、水是必不可少的最基本物质,进而推断世间一切事物都是由木、火、土、金、水这五种物质之间的运动变化生成的。这五种物质相互影响和制约,在不断的运动变化中维持着动态的平衡。这种影响和制约就是相生和相克。

五行之间互相滋生和促进的关系称作五行相生。五行相生的次序是:金生水,水生木,木生火,火生土,土生金。金生水,因为金属熔化后成为液体;水生木,因为水灌溉树木,树木便能欣欣向荣;木生火,因为火以木料作燃料的材料,木烧尽,则火会自动熄灭;火生土,因为火燃烧物体后,物体化为灰烬,而灰烬便是土;土生金,因为金蕴藏于泥土石块之中,经冶炼后可提取金属。

五行之间相互制约的关系称作五行相克。五行相克的次序是:金克木,木克土,土克水,水克火,火克金。金克木,因为金属铸造的割切工具可锯毁树木;木克土,因为草木的根能防止土壤流失,种子能顶开坚硬的土壤而发芽成长;土克水,因为土能挡水;水克火,因为火遇水便熄灭;火克金,因为烈火能熔化金属。

阴阳学说主要说明事物对立双方的互相依存、互相消长和互相转化的关系;五行学说是用事物属性的五行归类及生克乘侮规律,以说明事物的属性和事物之间的相互关系。中国哲学的本体论核心是:天道生阴阳,阴阳成五行,五行变化生万物,而万物的存在方式和相互关系始终体现一种"和谐"。这是中国传统的宇宙观,也是中国古代美学思想的根本精神。

五行的运动变化

词汇学习

yīn yáng 阴 阳	yin and yang
wǔ xíng 五 行	the five elements (metal, wood, water, fire and earth)
zhé xué lǐ lùn 哲 学 理 论	the philosophical theory
duì lì 对 立	opposite
tǒng yī 统 一	unity
xiàng bèi 向 背	face the sun or back to the sun
gāng xìng 刚 性	rigid
wài zài 外 在	external
xiàng shàng 向 上	upward
yùn dòng 运 动	motional
jiǎn míng 简 明	plain

续　表

jī jí 积极	positive
yīn róu 阴柔	soft
nèi zài 内在	internal
xiàng xià 向下	downward
jìng zhǐ 静止	static
xì nì 细腻	exquisite
xiāo jí 消极	negative
xiāo zhǎng 消长	growth and decline
yì jīng 《易经》	*I Ching*（*The Book of Changes*）
tài jí tú 太极图	taiji symbol
zhuǎn huà 转化	transform
zhōng xīn duì chèn 中心对称	central symmetry
yáng shèng jí ér yīn shēng， 阳盛极而阴生， yīn shèng jí ér yáng shēng 阴盛极而阳生	once yang reaches its highest point, yin engenders, and vice versa

续　表

yì jīng bā guà 易 经 八 卦	eight trigrams
zhān bǔ 占 卜	practice divination
xīng xiàng 星 象	astrology
xiàng shù 相 术	physiognomy
xiāng shēng 相 生	promoting relation in five elements
xiāng kè 相 克	restriction relation in five elements
jīn shēng shuǐ 金 生 水	metal promotes water
shuǐ shēng mù 水 生 木	water promotes wood
mù shēng huǒ 木 生 火	wood promotes fire
huǒ shēng tǔ 火 生 土	fire promotes earth
tǔ shēng jīn 土 生 金	earth promotes metal
guàn gài 灌 溉	irrigate
xīn xīn xiàng róng 欣 欣 向 荣	flourish
huī jìn 灰 烬	ashes

续　表

yě liàn 冶炼	smelt
jīn shǔ 金属	metal
jīn kè mù 金克木	metal restricts wood
mù kè tǔ 木克土	wood restricts earth
tǔ kè shuǐ 土克水	earth restricts water
shuǐ kè huǒ 水克火	water restricts fire
huǒ kè jīn 火克金	fire restricts metal
zhù zào 铸造	cast
gē qiē 割切	cut
jù huǐ 锯毁	saw and ruin
róng huà 熔化	melt
hù xiāng yī cún 互相依存	interdependence and coexistence
hù xiāng xiāo zhǎng 互相消长	mutual growth and decline
shēng kè chéng wǔ 生克乘侮	promotion, restriction, over restriction and reverse restriction

续 表

běn tǐ lùn 本体论	ontology
tiān dào shēng yīn yáng 天道生阴阳	Dao produces yin and yang
yīn yáng chéng wǔ xíng 阴阳成五行	yin and yang promotes five elements
wàn wù 万物	all things on the earth
hé xié 和谐	harmony
yǔ zhòu guān 宇宙观	world outlook
měi xué 美学	aesthetics

一、文化要点梳理

1. 阴阳学说认为一切事物的发生、发展、变化及消亡，都源于阴和阳的_____运动变化。
2. 阴阳学说认为天为阳，____为阴；____为阳，夜为阴；____为阳，女为阴。
3. 太极图中呈中心对称的黑白两条"鱼"不代表_____。
   A. 阴中有阳，阳中有阴　　　　B. 阴阳对立统一
   C. 阴阳相互转化　　　　　　　D. 年年有余
4. 五行是指木、_____、土、_____、水五种物质的运动变化。
5. 中国哲学的本体论核心是：_____，_____，五行变化生万物，而万物的存在方式和相互关系始终体现一种"和谐"。

二、情景模拟表演

1. 请根据课文内容创设一个情景，和同学一起进行对话表演。
2. 请把你的国家的相似事物或情境分享给同学们，可以表演，也可以讲述。

第十七课　八卦易经

八卦是中国古代的基本哲学概念,是中国古人用象征符号表达对宇宙生成、日月变化、农业生产和人生哲学的认识。《易经》源自八卦,是中国最早的经典著作之一。"易"有"变易、简易、不易"等含义;"经"指关于某事物的专著。

八卦

传说八卦是三皇五帝之首的伏羲在天水卦台山画出的。八卦中的两个基本符号是"—"和"--"。"—"代表阳,叫阳爻,"--"代表阴,叫阴爻。阴阳符号三个一组,平行摆放,组成八种不同形式:☰(乾)、☱(兑)、☲(离)、☳(震)、☴(巽)、☵(坎)、☶(艮)、☷(坤),即八卦,又称伏羲"八卦"或"先天八卦"。八卦象征着八种自然事物:天、泽、火、雷、风、水、山、地,它们是产生世界万物的根本。据说周朝时周文王研究"八卦",将两个八卦上下组合形成六十四种不同形式,即六十四卦,又称"文王八卦"或"后天八卦"。每一个卦都有深刻的内涵,卜官根据卦的含义推断世事的吉凶祸福。这是传统的卜筮方法,有其神验之处。

八卦

中国传统文化非常重视家庭。这种浓厚的家庭观念在八卦中有明显的表现。乾坤代表父母,其他的六个卦分别代表家中三男三女六个孩子,震代表长男,坎代表中男,艮代表少男,巽代表长女,离代表中女,兑代表少女。儒家文化强调"修、齐、治、平",即"修身、齐家、治国、平天下"。也就是说,只有把自身修炼好了,才可以把家管理好,而把家管理好了,才可以出来治理国家,乃至于平定天下。俗话说"家和万事兴",但是要营建一个稳定、和谐的幸福家庭,是需要一些智慧和能力的。

《易经》

《易经》是一本揭示变化的书。由太极图和八卦及六十四卦构成其主要内容。孔子对《易经》的注释叫《易传》。《易传》对《易经》的六十四卦加以排列和注解,揭示了卦与卦之间、卦象与卦辞之间、爻象与爻辞之间、卦与爻之间的内在联系,使《易经》六十四卦成为一个有机的、符合逻辑的、相互联系的统一体。孔子将《易经》理论化,使其成为儒家最重要的经典,淡化其占卜意味,突出其思想意义。《易传》发扬了儒家伦理传统,从社会、人生、道德角度注释《易经》,使《易经》变成一部道德修养的书。《易传》中的"自强不息""厚德载物"成为中国人世世代代谨守的两句格言。"自强不息"强调进取精神,"厚德载物"强调宽厚包容。

《易经》认为世界万物都有阴阳两种状态,阴阳之间相互转化的过程就是太极。《易经》的阴阳观对中国的传统哲学、医学、艺术、武术、建筑和民俗文化等各方面都有深刻的影响。中国传统人文精神中"刚柔兼济"的思想正是来源于此;阴阳平衡被中医认为是人健康的基础;中国的水墨画以黑白写意为主。《易经》对建筑学的影响主要和"风水"学说紧密相关。古代的城建布局、建筑设置等都要以《易经》理论为指导,四合院就是建筑阴阳平衡、和谐观念的典型案例。传统建筑中的"九梁十八柱"等都是从《易经》中获得灵感,故宫角楼就是这种风格的典型案例。

八卦城

中国有按八卦理论筑城的传统。新疆特克斯县就有一个堪称世界最大、最完整的八卦城,被誉为"凝固了的《易经》",它的布局建制充分体现了《易经》的文化内涵和八卦的奥秘。保存至今的城中心"八卦文化广场"为太极"阴阳"两仪,按八卦方位向外延伸"乾""兑""离""震""巽""坎""艮""坤"八条主街,每条主街长1200米,每隔360米左右设一条连接各个主街的环路,由中心向外依次共有四条环路,其中一环八条街、二环十六条街、三环三十二条街、四环六十四条街。这些街道按八卦方位形成了六十四卦。八卦城的马路上没有红绿灯。该县曾于1993年安装过老式红绿灯,但于1996年取消了,因为各条道路环环相连、条条相通,车辆和行人无论走哪个方向都能够到达目的地,设红绿灯反而阻碍了交通畅通。八卦城由此成为一座没有红绿灯的城市。

八卦城

六、传统哲学篇

词汇学习

bā guà 八卦	the Eight Trigrams (eight combinations of three whole or broken lines formerly used in divination)
biàn yì 变易	change
jiǎn yì 简易	simplification
bú yì 不易	unchangeability
sān huáng wǔ dì 三皇五帝	Three Sovereigns and Five Emperors
fú xī 伏羲	Fu Xi, one of the earliest legendary rulers
tiān shuǐ 天水	Tianshui (a city name in Guansu province)
guà tái shān 卦台山	Guatai Mountain (a mountain in Tianshui)
yáo 爻	whole and broken lines in the Eight Trigrams
qián 乾	one of the Eight Trigrams, standing for heaven

223

续　表

duì 兑	one of the Eight Trigrams, standing for pleasure
lí 离	one of the Eight Trigrams, standing for fire
zhèn 震	one of the Eight Trigrams, standing for thunder
xùn 巽	one of the Eight Trigrams, standing for wind
kǎn 坎	one of the Eight Trigrams, standing for water
gèn 艮	one of the Eight Trigrams, standing for mountain
kūn 坤	one of the Eight Trigrams, standing for earth
bǔ guān 卜官	fortuneteller
jí xiōng huò fú 吉凶祸福	good luck, ill luck, misfortune and blessing
bǔ shì 卜筮	divination
qián kūn 乾坤	heaven and earth; male and female
zhǎng nán 长男	the eldest son
zhōng nán 中男	the middle son

续　表

shào nán 少　男	the youngest son
zhǎng nǚ 长　女	the eldest daughter
zhōng nǚ 中　女	the middle daughter
shào nǚ 少　女	the youngest daughter
xiū shēn 修　身	cultivate one's moral character
qí jiā 齐　家	govern one's family
zhì guó 治　国	govern a country
píng tiān xià 平　天　下	pacify the whole world
jiā hé wàn shì xīng 家 和 万 事 兴	a peaceful family will prosper
guà xiàng 卦　象	trigram
guà cí 卦　辞	commentaries on various combinations of the Eight Trigrams
yáo xiàng 爻　象	whole or broken lines in the Eight Trigrams
yáo cí 爻　辞	terms of the whole or broken lines in the Eight Trigrams

续 表

zì qiáng bù xī 自强不息	constantly make efforts to strive forward
jìn qǔ jīng shén 进取精神	enterprising spirit
hòu dé zǎi wù 厚德载物	self-discipline and social commitment
kuān hòu bāo róng 宽厚包容	generous and tolerant
yīn yáng guān 阴阳观	concept of yin and yang
rén wén jīng shén 人文精神	humanistic spirit
gāng róu jiān jì 刚柔兼济	exercise a combination of flexibility and inflexibility
shuǐ mò huà 水墨画	ink and wash (painting)
sì hé yuàn 四合院	quadrangle
yīn yáng píng héng 阴阳平衡	balance of yin and yang
fēng shuǐ 风水	fengshui (the location of a house or a tomb)
jiǔ liáng shí bā zhù 九梁十八柱	nine beams and eighteen columns
gù gōng 故宫	the Imperial Palace

续 表

jiǎo lóu 角 楼	corner tower
bā guà chéng 八 卦 城	the Eight-Diagram City
tè kè sī xiàn 特 克 斯 县	Tekes County
wén huà nèi hán 文 化 内 涵	cultural connotation

中国文化

一、文化要点梳理

1. 八卦象征着哪八种自然事物？
2. 卜官根据六十四卦的含义，推断世事的＿＿＿＿＿＿＿＿。
3. 《易传》中的"＿＿＿＿＿＿＿＿"强调进取精神；"＿＿＿＿＿＿＿＿"强调宽厚包容。
4. ＿＿＿＿＿＿＿＿是一个堪称世界最大、最完整的八卦城。
5. 八卦城为什么取消了红绿灯？

二、情景模拟表演

1. 请根据课文内容创设一个情景，和同学一起进行对话表演。
2. 请把你的国家的相似事物或情境分享给同学们，可以表演，也可以讲述。

第十八课　孔孟老庄

中国传统哲学博大精深、流派纷呈，人们用"诸子百家"一词进行概括。在众多学术派别中，儒家和道家学说影响最为深远，"孔孟老庄"是这两个学派的创始人和主要代表人物。"孔孟"是儒家代表人物孔子和孟子的并称。"老庄"是道家代表人物老子和庄子的并称。孔孟之学以"仁"为本，老庄之言以"道"为宗。"孔孟老庄"的很多言论至今仍是中国人恪守的行为规范和信奉的人生信条。"孔孟老庄"的思想在朱熹的理学思想中得到传承和发扬光大。

孔子

孔子（公元前551—公元前479年），名丘，字仲

中国文化

尼,出生于鲁国陬邑。孔子曾任鲁国司寇,政治上不得意,被迫离开鲁国,后携弟子周游列国,入东周向老子请教,最终返回鲁国,专心执教。孔子被后世尊为"万世师表",也被称为"圣人"。

孔子打破了教育垄断,开创了私学先驱。相传他有三千弟子、七十二贤人。孔子晚年修订了《六经》:《诗》《书》《礼》《乐》《易》《春秋》。孔子去世后,其弟子及其再传弟子把孔子及其弟子的言行语录和思想记录下来,整理编成了儒家经典——《论语》。

《论语》中有一句经典——"己所不欲,勿施于人。"有一天,孔子的弟子子贡问孔子:"有一言而可以终身行之者乎?"孔子回答:"己所不欲,勿施于人。"所谓"己所

孔子

不欲，勿施于人"，就是用自己的心推及别人，自己不想做的事情不要强加于人。它和中国民间常说的将心比心、设身处地为别人想一想是一个意思。这也是很多中国人处理人际关系的重要原则。

孟子

孟子（约公元前372—公元前289年），名轲，战国时邹人。孟子不是孔子的亲授弟子，但是他继承并发扬了孔子的思想，成为仅次于孔子的一代儒家宗师，有"亚圣"之称，与孔子合称为"孔孟"。

《孟子》是中国儒家典籍中的一部，记录了孟子的治国思想和政治策略，是孟子和他的弟子记录并整理而成的。《孟子》在儒家典籍中占有很重要的地位，为"四书"之一。

孟子在描述他所理想的社会时说："老吾老以及人之老，幼吾幼以及人之幼。"这句话的意思是在赡养、孝敬自己的长辈时不应忘记其他与自己没有亲缘关系的老人，在抚养、教育自己的小孩时不应忘记其他与自己没有血缘关系的小孩。这与孔子对大同之世的理解是一脉相承的。《礼记·礼运》写道:"故人不独亲其亲,不独子其子,使老有所终,壮有所用,幼有所长,矜、寡、孤、独、废疾者皆有所养。"

孟子

老子

老子(约公元前571—约公元前471年),姓李名耳,字聃,春秋时楚国苦县人,曾做过周朝的"守藏室之史"。老子遗留下来的著作,仅有《道德经》,也叫《老子》。它是老子用韵文写成的一部哲理诗,是道家的主要经典著作。

《道德经》的开篇提道:"道可道,非常道。名可名,

六、传统哲学篇

非常名。""道可道,非常道",意思是可以用言语表述的"道",就不是永恒的"道"。"名可名,非常名",意思是可以用名称界定的"名",就不是恒久的"名"。这两句话有很深的哲学和文化含义。

《道德经》的精华是朴素的辩证法,主张无为而治,其学说对中国哲学发展具有深刻影响。老子用"道"来概括宇宙万物的生成与演变:"道生一,一生二,二生三,三生万物。"老子认为,道是宇宙的本体,宇宙万物皆起源于道。"一"指"混沌一气"。道本身无形无相,但由道而产生浑圆一体的混沌之气,这就是"道生一"。"二"指"阴阳二气"。"一生二"是说由浑圆一体的混沌变成阴阳二气。"二生三"是指由阴阳之气产生天、地、人三才。有了三才,然后产生其他万物。

老子

庄子

庄子（约公元前369—公元前286年），名周，字子休，战国时宋国人。据记载，楚威王曾派人邀请庄子为楚国宰相。庄子以宁为在泥里嬉戏的活龟，也不愿意为庙堂用以卜卦之死龟为喻，拒绝了楚威王的邀请。他一生淡泊名利，过着深居简出的隐居生活，主张修身养性，清静无为，顺应自然，追求精神逍遥无待。

《庄子·人间世篇》中有这样一个故事。庄子与弟子走到山脚下，见一株大树，枝繁叶茂，耸立在大溪旁，特别显眼。庄子忍不住问伐木者："请问师傅，如此好的木材，怎么一直无人砍伐？以至独自长了几千年？"伐木者似乎对此树不屑一顾，说道："这何足为奇？此树是一种不中用的木材。用来作舟船，则沉于水；用来作棺材，则很快腐烂；用来作器具，则容易毁坏；用来作门窗，则脂液不干；用来作柱子，则易受虫蛀，此乃不成材之木。不材之木，无所可用，故能如

六、传统哲学篇

此长寿。"

听了此话,庄子对弟子说:"此树因不材而得以终其天年,岂不是无用之用,无为而于己有为?"弟子恍然大悟,点头不已。庄子又说:"树无用,不求有为而免遭斤斧;树不成材,方可免祸;人不成才,亦可保身也。"庄子总结道:"人皆知有用之用,而莫知无用之用也。"

"己所不欲,勿施于人""老吾老,以及人之老,幼吾幼,以及人之幼"深刻地表达了孔孟思想的核心——"仁"。"道,可道,非常道""无用之用"揭示了老庄对自然和人事的辩证认识。

庄子

朱子

"孔孟老庄"的思想随着中国历史的发展而不断得以传承和发展。到南宋时期,出生在福建三明尤溪的朱熹将中国传统哲学推向一个新的高度。

朱熹(1130—1200年),字元晦,号晦庵、晦翁,师承程颢、程颐,是程朱理学的集大成者,被后人尊称为"朱子"。程朱理学是一种以儒家学说为中心,兼容佛道两家思想的伦理政治学说。朱熹的《四书章句集注》是儒家经典的重要注解,对后世儒学发展产生了重要影响。

朱熹强调"格物致知",即通过研究事物来获得知识,这与孔子的"学而不思则罔,思而不学则殆"有异曲同工之妙。同时,朱熹还注重道德修养和人格完善,这体现了对孟子"性善论"的继承和发展。在道家方面,朱熹吸收了老子的"道法自然"思想,强调顺应自然规律,以达到人与自然的和谐;在佛家方面,朱熹借鉴了禅宗的修行方法,主张通过内心的修养来达到心灵的平静和超脱。

以朱子为代表的南宋理学思想及其实践的文化体系被称为朱子文化。朱子文化还体现在日常生活、艺术创作等方面,如书法、绘画等。朱子文化不仅是中国传统文化的重要组成部分,也是世界文化遗产的一部分。

朱子

词汇学习

bó dà jīng shēn 博大精深	broad and profound
liú pài fēn chéng 流派纷呈	various schools of thoughts
zhū zǐ bǎi jiā 诸子百家	Hundred schools of Thoughts
kǒng zǐ 孔子	Confucius
mèng zǐ 孟子	Mencius
lǎo zǐ 老子	Lao-tzu
zhuāng zi 庄子	Zhuangzi
zhū zǐ 朱子	Zhuzi
rú jiā 儒家	Confucian
dào jiā 道家	Daoism; Taoism
rén 仁	benevolence; love; kindheartedness; humanity

续　表

dào 道	Tao; Dao; Way
yǐ suǒ bú yù, wù shī yú rén 己所不欲，勿施于人	do not do to others what you do not want others to do to you
sī kòu 司寇	an official in charge of legal affairs
zhōu yóu liè guó 周游列国	travel around many kingdoms
wàn shì shī biǎo 万世师表	an exemplary teacher for all ages
shèng rén 圣人	sage; wise man
lǒng duàn 垄断	monopoly
sī xué 私学	old-style private school
rú jiā jīng diǎn 儒家经典	Confucian classics
lǎo wú lǎo yǐ jí rén zhī lǎo 老吾老以及人之老	respecting not only my own elders, but also the elders of others'
yòu wú yòu yǐ jí rén zhī yòu 幼吾幼以及人之幼	taking care of not only my own children, but also the children of others'
dà tóng zhī shì 大同之世	a unified world; a global identity
yí mài xiāng chéng 一脉相承	be closely related with each other; be traced to the same origins

续 表

shǒu cáng shì zhī shǐ 守藏室之史	head of the national library
yùn wén 韵文	verse
zhé lǐ shī 哲理诗	philosophical poems
dào kě dào fēi cháng dào 道可道,非常道	the Tao that can be told of is not the absolute Tao.
míng kě míng fēi cháng míng 名可名,非常名	the Names that can be given are not absolute Names.
jīng huá 精华	essence, quintessence
biàn zhèng fǎ 辩证法	dialectics
wú wéi ér zhì 无为而治	governing through non-interference
hùn dùn 混沌	chaos; shapeless and empty
sān cái 三才	Sancai (the three realms of Heaven, Earth and mankind)
miào táng 庙堂	temple
bǔ guà 卜卦	divination
dàn bó míng lì 淡泊名利	indifferent to fame or wealth

续　表

shēn jū jiǎn chū 深居简出	live in seclusion and seldom come out
xiāo yáo wú dài 逍遥无待	free and unfettered; leisurely
wú yòng zhī yòng 无用之用	the utility of futility
chéng zhū lǐ xué 程朱理学	Cheng-Zhu Neo-Confucianism
sì shū zhāng jù jí zhù 《四书章句集注》	*Collected Commentaries on the Four Books*
gé wù zhì zhī 格物致知	investigating things to extend knowledge
xué ér bù sī zé wǎng, sī ér bù xué zé dài 学而不思则罔，思而不学则殆	Learning without thought is pointless; thought without learning is dangerous.
dào fǎ zì rán 道法自然	Dao follows nature

一、文化要点梳理

1. 在中国古代的众多学术派别中,哪两个学术派别影响最为深远?
2. 孔子去世后,其弟子及其再传弟子把孔子及其弟子的言行语录和思想记录下来,整理编成了儒家经典——_____。
3. "老吾老以及人之老,幼吾幼以及人之幼"是谁说的?
4. _____是道家的主要经典著作。
5. 以朱子为代表的南宋理学思想及其实践的文化体系被称为_____。

二、情景模拟表演

1. 请根据课文内容创设一个情景,和同学一起进行对话表演。
2. 请把你的国家的相似事物或情境分享给同学们,可以表演,也可以讲述。

文化要点梳理答案

第一课 生老病死

1. 生老病死
2. 红蛋;喜蛋
3. 农历九月初九
4. 因为梨的谐音是"离",会让病人联想到离开人世等不吉利的事情。
5. D

第二课 衣食住行

1. 5 500
2. 甜;咸;酸;辣
3. 筷子
4. 安居乐业
5. B

第三课 礼尚往来

1. 《周礼》《仪礼》《礼记》。
2. 寓意着"锁住"儿童生命,让他健康成长。
3. 4 和 13

4. "鞋"与"邪"同音,而且鞋被踩在脚下,所以不要给别人送鞋。
5. B

第四课　恭贺新禧

1. 农历新年的第一天/正月初一
2. 包饺子意味着包住福运,吃年糕意味着人们的工作和生活一年比一年提高。
3. 门神;春联;窗花;"福"字;年画
4. "新年好!""给您拜年了!""恭喜发财""万事如意"
5. 舞龙舞狮、跑旱船、踩高跷、扭秧歌、点彩灯、吃元宵

第五课　中秋赏月

1. D
2. C
3. A
4. B
5. 玉兔、桂宫、广寒、婵娟等

第六课　欢度国庆

1. 国家喜庆
2. 唐玄宗李隆基
3. 中华人民共和国
3. 张灯结彩
5. 孔子

第七课　八大菜系

1. 鲁菜、淮扬菜、粤菜、川菜、浙菜、闽菜、湘菜、徽菜
2. C
3. 麻辣

4. 浓油赤酱
5. 龙岩;永定

第八课　风　味　小　吃

1. 夜宵
2. 大饼、油条、豆浆等
3. 南翔小笼包
4. 云吞;抄手
5. 扁肉;拌面;蒸饺;炖罐

第九课　说　茶　道　酒

1. A
2. 紫砂;瓷
3. C
4. 喝喜酒;满月酒;寿酒
5. 半碗;满杯

第十课　笔　墨　纸　砚

1. 文房四宝
2. 端砚;徽墨
3. 小楷、中楷、大楷
4. 四大发明
5. 艺术品

第十一课　琴　棋　书　画

1. 弹琴;弈棋;书法;绘画
2. 尧舜时期
3. 围棋;对弈
4. 篆书;隶书;草书;楷书;行书

5. 人物;山水;花鸟

第十二课　梅兰竹菊

1. 梅兰竹菊
2. 传春报喜
3. 兰章;兰交;兰客
4. 竹简
5. 喜鹊;松树

第十三课　气功太极

1. 练气功
2. 动功
3. 鹿;猿
4. 太极理论
5. 呼吸;动作;意念

第十四课　针灸推拿

1. 中医经络学
2. 灸法
3. 宋朝
4. 按摩
5. 牛角;砭石

第十五课　望闻问切

1. 《黄帝内经》
2. 扁鹊
3. 体味
4. 医学家
5. 《神农本草经》和《本草纲目》

第十六课　阴 阳 五 行

1. 对立统一
2. 地；昼；男
3. D
4. 火；金
5. 天道生阴阳，阴阳成五行

第十七课　八 卦 易 经

1. 天、泽、火、雷、风、水、山、地
2. 吉凶祸福
3. 自强不息；厚德载物
4. 新疆特克斯县
5. 因为各条道路环环相连、条条相通，车辆和行人无论走哪个方向都能够到达目的地，设红绿灯反而阻碍了交通畅通。

第十八课　孔 孟 老 庄

1. 儒家和道家
2. 《论语》
3. 孟子
4. 《道德经》（又称《老子》）
5. 朱子文化

参考文献

1. 程允升,曹日升,等译注.幼学琼林[M].长沙:岳麓书社,2006.
2. 国务院侨务办公室,国家汉语国际推广领导小组办公室.中国文化常识(中英对照)[M].北京:高等教育出版社,2007.
3. 李钢.中国人的生活哲学(英汉对照)[M].北京:华语教学出版社,2009.
4. 王海龙.文化中国——中国文化阅读教程1(英语注释)[M].北京:北京大学出版社,2002.
5. 叶朗,朱良志.中国文化读本[M].北京:外语教学与研究出版社,2008.
6. 郑铁生.中国文化[M].上海:上海外语教育出版社,2011.
7. MAIR V H. *The Shorter Columbia Anthology of Traditional Chinese Literature*[M]. New York:Columbia University Press,2000.
8. 建瓯博物馆. 现代·朱熹对镜自画像刻碑(原刻碑拓片复制)[OL]. 福建省文物局. http://wwj.wlt.fujian.gov.cn/wwzy/wwxc/202210/t20221009_6011561.htm